我最好奇的 …… 奥秘大发现

植物会说话

大米原创 · 工作空间　策划

徐丽红　编写

浙江少年儿童出版社

目录 CONTENTS

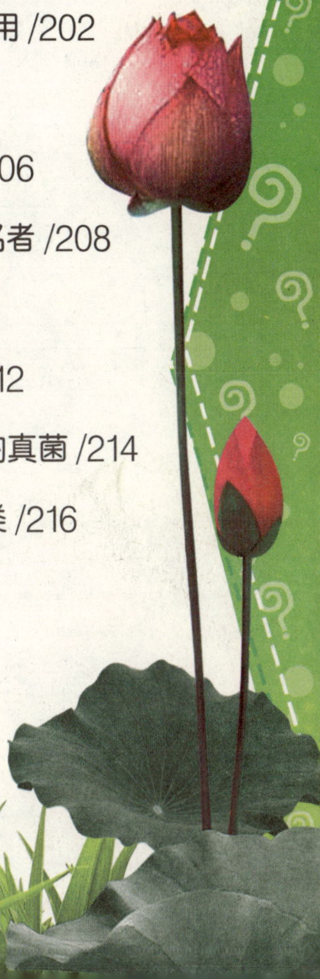

ZHIWU
HUISHUOHUA

ZHIWU
HUISHUOHUA

ZHIWU
HUISHUOHUA

ZHIWU
HUISHUOHUA

写给小读者

郁郁葱葱的大树，娇艳美丽的花朵，坚韧顽强的小草，金光灿灿的庄稼，我们的地球就是一个植物的世界。各种各样的植物在我们身边茁壮成长、争奇斗艳，为我们带来美景，带来粮食，营造清新宜居的环境。

你可曾想过，植物也会跟你说悄悄话，告诉你它们的故事？长得奇形怪状的纺锤树告诉你，它的“大肚子”是用来储水的；花瓣暗藏“机关”的兰花告诉你，它是怎样迎接昆虫传粉的；短暂一展芳颜的昙花告诉你，在夜里开花自有它的苦衷；轻轻一碰便会羞答答地卷起叶子的含羞草告诉你，它的“含羞”原来是种生存的本能；生长在地底下的花生告诉你，黑暗才是它的最爱；七窍玲珑的莲藕告诉你，身上的圆孔对它的呼吸很重要……

没想到吧，平常一向沉默内向的植物也有那么多话要告诉我们。小朋友，还不快俯下身子，来听听植物们都在说些什么？这里面一定有你最好奇、最感兴趣的话题。

水杉：长得快，用得广

水杉是一种落叶乔木，树高可以达到35米以上，其树干笔直挺拔，枝条向侧面斜伸出去，整株树形如一座宝塔，既古朴典雅，又肃穆端庄。它们的树皮呈赤褐色，叶子细长，向下垂着，叶色翠绿，入秋后变成金黄后脱落。

水杉是著名的观赏树木，同时也是荒山造林的良好树种，因为它们适应力很强，生长极为迅速。在幼龄阶段，水杉每年可以长高1米以上。水杉喜欢扎根在山谷或山麓附近地势

píng huǎn tǔ céng shēn hòu qiě shī rùn de
平缓、土层深厚且湿润的
dì fang nài hán xìng nài shī néng lì
地方，耐寒性、耐湿能力
qiáng tǔ rǎng shuǐ fèn kě yǐ zhī pèi tā
强，土壤水分可以支配它
men de shēng zhǎng sù dù
们的生长速度。

gèng nán dé de shì shuǐ shān de
更难得的是，水杉的
jīng jì jià zhí hěn gāo qí xīn cái zǐ
经济价值很高，其心材紫
hóng cái zhì xì mì qīng ruǎn shì zào chuán jiàn qiáo zhì zuò nóng jù hé
红，材质细密轻软，是造船、建桥、制作农具和
jiā jù de liáng cái tóng shí hái shi shàng chéng de zào zhǐ yuán liào
家具的良材，同时还是上乘的造纸原料。

怪问题

水杉为什么被称为"活化石"？

水杉生长的历史久远，是与恐龙同时代的古老树种。本来人们只见过水杉的化石，便以为它们灭绝了。后来，植物学家在我国湖北的原始森林中发现了活着的水杉，所以把它们称为"活化石"。

考考你

水杉很容易长个子，但有一种树长得比它还快，那就是杏仁桉树。谷粒大的种子一年后就能长成三四米高的树了，五六年后就能蹿到15米，一般树高都在100米以上。

顽强的松树也开花

松树有着顽强的生命力，能够在各种恶劣环境中生存，且冬夏常青。在我国，从海南岛到东北，到处都能见到松树挺拔的身姿。

一般植物在石缝里很难存活，但松树是个例外，它在石缝里照样长得生机勃勃。因为松树有高招！没有水，松树就让叶子长得像针一样，减少水分的蒸发；没有泥土，松树就从根部分泌出一种酸性物质，把石头变成了粉末状的土

rǎng　yǒu le shuǐ hé tǔ rǎng
壤。有了水和土壤，
sōng shù jiù néng zài shí fèng li zhā
松树就能在石缝里扎
gēn shēng zhǎng le
根生长了。

sōng shù yě huì kāi huā
松树也会开花。

zhǎng zài xīn zhī dǐng duān de shì zǐ sè de cí qiú huā　zài xīn zhī jī
长在新枝顶端的是紫色的雌球花，在新枝基
bù zhǎng chū de dàn huáng sè xiǎo qiú shì xióng qiú huā　xióng qiú huā de huā
部长出的淡黄色小球是雄球花，雄球花的花
fěn huì suí fēng piāo luò zài cí qiú huā shang　yīn wèi méi yǒu měi lì de
粉会随风飘落在雌球花上。因为没有美丽的
huā bàn hé nóng yù de xiāng wèi　sōng shù de huā zì rán hěn bù qǐ yǎn le
花瓣和浓郁的香味，松树的花自然很不起眼了。

怪问题

松树为什么会“出汗”？

松树的“汗”其实是流出来的松脂。松树的根、茎、叶里储存了大量的松脂，一旦树干受伤，松脂就流出来把伤口封住，同时杀死空气中的病菌，保护自己不受伤害。

考考你

松脂是工业生产的重要原料，可以加工成松香。用松香擦磨乐器的弦，能够增强弦类乐器的声响。我国的松香产量居世界第一位。

古老柏树还健身

柏树是柏科树木的总称。全世界至少有150种柏树，我国原有29种，引入15种。柏树的适应能力很强，它们四海为家，定居于岩石山地，照样枝繁叶茂。它们既能忍受40℃的酷暑，又能承受-31℃的严寒，因此被称为“改造大自然的功臣”。

我国的园林寺庙、名胜古迹里常常是古柏参天，荫蔽全宇。柏树可是著名的园林观赏树种。因为材质坚实平滑，又耐腐蚀，它们还

是建筑、造桥、造船、雕刻等的良材。

种植柏树还有益于身体健康呢！柏树释放出的芳香气体中主要成分为菘萜和柠檬萜，不仅能杀灭细菌、病毒，净化空气，还对人具有松弛精神、稳定情绪的作用。日本开展的森林疗法，就是让癌症病人到柏树林中去疗养，效果很不错。

怪问题

柏树全身都有哪些宝贝？

柏树全身是宝，树脂、树油、果实、枝节、树叶都能入药使用。其中又以侧柏的种子柏子仁和侧柏叶在临床上应用得最为广泛。

考考你

柏树林中弥漫着大量的负氧离子，能够提高人体免疫机能，调节呼吸和中枢神经系统的功能，被誉为“空气维生素”。

“慢性子”的银杏

银杏是世界上最古老的树种之一，是与恐龙同时代的地球生物。在恐龙灭绝后，银杏却在部分地区生存了下来，因而被称为“植物中的活化石”。银杏可是树木中的“慢性子”，生长缓慢，但历经数百上千年都能开花结果，所以又有“长寿树”的美誉。

银杏浑身是宝，叶、皮、根、果都能入药，具有很高的食用价值、药用价值、经济价值、生态价值和观赏价值。

yín xìng bù jǐn shù xíng xiù
银杏不仅树形秀
qi shù yè yě hěn tè bié qiǎn
气，树叶也很特别。浅
lǜ sè de shù yè yóu yè piàn hé yè
绿色的树叶由叶片和叶
bǐng zǔ chéng yè piàn de dǐng duān hái
柄组成，叶片的顶端还
yǒu yī tiáo dà bō làng zhěng tǐ
有一条“大波浪”，整体
kàn qǐ lái jiù xiàng yī bǎ shàn zi měi dào chūn tiān yín xìng jiù huì
看起来就像一把扇子。每到春天，银杏就会
chōu chū nèn yá xià tiān yín xìng yè zhǎng chéng xiǎo shàn zi de mú yàng
抽出嫩芽。夏天，银杏叶长成小扇子的模样。
dào le qiū tiān jiàn jiàn diāo líng de huáng yè bèi wēi fēng yī chuī jiù xiàng
到了秋天，渐渐凋零的黄叶被微风一吹，就像
yī zhī zhī kě ài de hú dié zài kōng zhōng fēi wǔ
一只只可爱的蝴蝶在空中飞舞。

怪问题

为什么银杏又叫“公孙树”？

银杏生长缓慢，一个人要是年轻时种了银杏，得等到他有了孙子时才能吃到银杏果，因此人们常说“公公种树，孙子吃果”，所以就有了“公孙树”的叫法。

考考你

银杏叶是很好的中药原料，用优质的银杏嫩叶可以加工成上等的银杏茶。但是银杏叶有副作用，提醒大家最好不要擅自使用银杏叶。

铁树到底开不开花

铁树又名苏铁、凤尾蕉等。因为树干坚硬如铁，又喜欢铁质肥料，所以就得了“铁树”这个叫法。铁树原产于我国南部、印度、日本等地，是世界上少有的最古老的观赏性常绿乔木。

铁树喜欢温暖湿润的气候，不耐严寒，虽然生长缓慢，但是它们的寿命却长达200年以上。对于生长地的土壤，铁树也有要求，它们最中意排水良好、疏松肥沃的沙质土壤。铁树在寒冷的地域很少开花，所以人们通常把

tiě shù kāi huā bǐ yù wéi shí
“铁树开花”比喻为十
fēn nán dé zhī shì dàn shì
分难得之事。但是，
zài rè dài dì qū tiě shù shì
在热带地区，铁树是
cháng nián kāi huā de
常年开花的。

gèng tè bié de shì tiě
更特别的是，铁
shù shì cí xióng yì zhū de zhí wù dào le huā jì cí zhū kāi cí huā
树是雌雄异株的植物，到了花季，雌株开雌花，
xióng zhū kāi xióng huā ér qiě cí huā hé xióng huā de zhǎng xiàng yě bù yī
雄株开雄花。而且雌花和雄花的长相也不一
yàng xióng huā shì lín piàn zhuàng xióng ruǐ zǔ chéng de cháng yuán zhù xíng ér
样，雄花是鳞片状雄蕊组成的长圆柱形，而
cí huā shì yóu xǔ duō yǔ máo zhuàng de xīn pí chóng dié ér chéng de
雌花是由许多羽毛状的心皮重叠而成的。

怪问题

铁树会“吃”铁钉吗？

一般植物从泥土中吸收的铁就能满足生长需要，可铁树“吃”铁的胃口特别大。为了满足它们对铁的需求，人们常在铁树上钉几个铁钉。

考考你

铁树的茎是圆柱形的，表面还有一些疙疙瘩瘩的刺瘤，这些都是老叶凋谢后留下的叶柄基部，有很好的保护作用呢！

大有文章的樟树

nǐ zhī dào zhāng shù de míng chēng shì zěn me lái de ma jù shuō
你知道樟树的名称是怎么来的吗？据说
shì yīn wèi zhāng shù mù cái shang yǒu xǔ duō wén lu xiàng shì dà yǒu wén
是因为樟树木材上有许多纹路，像是大有文
zhāng de yì si rén men jiù zài zhāng zì zuǒ bian jiā le gè piān páng
章的意思，人们就在“章”字左边加了个偏旁
mù yú shì jiù yǒu le zhāng shù zhè ge míng zi
“木”，于是就有了“樟树”这个名字。

gāo dà de zhāng shù shù guān xiàng kōng zhōng shēn zhǎn jiā shàng zhī
高大的樟树树冠向空中伸展，加上枝
fán yè mào dài lái nóng yīn bì dì yuǎn yuǎn kàn qù qì shì shí fēn
繁叶茂，带来浓荫蔽地，远远看去，气势十分
xióng wěi shì yōu liáng de xíng dào shù jí tíng yīn shù zhāng shù hái hán
雄伟，是优良的行道树及庭荫树。樟树还含
yǒu tè shū de xiāng qì hé huī fā yóu yīn ér jù yǒu nài shī kàng fǔ
有特殊的香气和挥发油，因而具有耐湿、抗腐、

qū chóng de tè diǎn shì míng guì jiā jù gāo dàng
驱虫的特点，是名贵家具、高档
jiàn zhù zào chuán hé diāo kè děng de lǐ xiǎng yòng cái
建筑、造船和雕刻等的理想用材。

zhāng shù shì cháng lǜ qiáo mù dàn shì tā
樟树是常绿乔木，但是它
men bìng bù shì bù luò yè zhè lǐ miàn hái yǒu xiē
们并不是不落叶，这里面还有些
ào miào ne yuán lái chūn tiān zhāng shù de xīn
奥妙呢！原来，春天樟树的新
yè zhǎng chéng hòu qù nián de lǎo yè cái kāi shǐ tuō luò suǒ yǐ yī
叶长成后，去年的老叶才开始脱落，所以一
nián sì jì zhāng shù dōu chéng xiàn chū lǜ yì àng rán de jǐng xiàng chūn
年四季樟树都呈现出绿意盎然的景象。春
tiān zhāng shù huì kāi chū huáng lǜ sè de huā yòu xiǎo yòu duō zhī
天，樟树会开出黄绿色的花，又小又多；之
hòu jiē chū qiú xíng guǒ shí chéng shú hòu biàn wéi hēi zǐ sè
后结出球形果实，成熟后变为黑紫色。

怪问题

樟脑是怎么制成的？

日常用的樟脑是由香樟树的根、干、枝、叶的蒸馏产物分离制成的白色晶体，有清凉的香味，用于防蛀，也广泛应用在医药和化学工业中。

考考你

夏天，如果你到户外活动，可以试试下面的妙招：摘取樟树的叶片，揉碎后把汁液涂抹在手上和脚上，有很好的防蚊功效哦！

飘飘柳树也坚韧

wú xīn chā liǔ liǔ chéng yīn liǔ shù de shì yìng xìng fēi cháng
“无心插柳柳成荫”，柳树的适应性非常
qiáng shì wǒ guó lǜ huà zhōng shǐ yòng zuì pǔ biàn de shù zhǒng zhī yī
强，是我国绿化中使用最普遍的树种之一。
zài wǒ guó liǔ shù yǐ xī nán gāo shān dì qū hé dōng běi sān shěng fēn
在我国，柳树以西南高山地区和东北三省分
bù zhǒng lèi zuì duō
布种类最多。

liǔ shù yǒu xǔ xǔ duō duō de xū
柳树有许许多多的须
gēn zhè xiē xū gēn shēn shēn de zhā zài ní
根，这些须根深深地扎在泥
tǔ li shēn xiàng sì miàn bā fāng jǐn jǐn
土里，伸向四面八方，紧紧
de yōng bào dà dì wèi shù gàn tí gōng fēng
地拥抱大地，为树干提供丰
fù de yíng yǎng liǔ shù méi yǒu sōng shù
富的营养。柳树没有松树
de wěi àn tǐng bá yě bù xiàng yáng shù nà
的伟岸挺拔，也不像杨树那
yàng zhèng zhí bù qū tōng cháng shù gàn zhǎng
样正直不屈，通常树干长
dào liǎng sān mǐ chù jiù huì zhǎng chū fēn zhī
到两三米处就会长出分枝，
guāng huá róu ruǎn de zhī tiáo zhuàng ruò sī
光滑柔软的枝条状若丝
tāo fēn fēn xià chuí yáo yè shēng zī
绦，纷纷下垂，摇曳生姿。
liǔ shù shēng zhǎng xùn sù méng yá
柳树生长迅速，萌芽

力强，寿命短，10~20年即可成材。柳树材质轻软，坚韧细致，纹理通直，容易切削，干燥后不易变形，可以作为建筑、包装箱板等用材。因为木材纤维含量较高，它们还是造纸和人造棉的原料。许多种类的枝条还可以用来编织篮、筐呢！

怪问题

柳树为什么不怕水淹？

柳树的耐水能力特别强，在遭受水淹时，它们能生出许多不定根，这些不定根漂浮在水中，有吸收和运输养分的功能，这样，柳树仍然能好好生长。

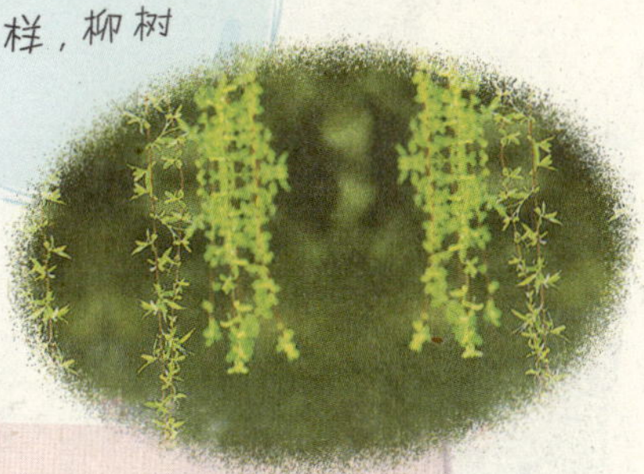

考考你

柳树的花期在2~3月，到了3、4月，果实成熟，蒴果散出细小而带有白色丝状绒毛的种子，随风飘扬，这就是翩翩的柳絮。

树冠最大的榕树

“独木不成林”这句话，大家一定听过。可是，自然界就是有那么一种树，居然能“独木成林”，那就是被称为“树冠之王”的榕树。

榕树是一种常绿乔木，全世界已知的有800多种，主要生长在热带和亚热带地区。它的树冠之大，真是令人惊叹不已。在孟加拉国的热带雨林中，生长着一株大榕树，树干粗壮，枝叶繁茂，远远望去，就像一片郁郁葱葱的树林。从它的树枝上生出的垂向地面的

“气根”可多达4000余条。它们有的悬挂在半空，有的伸到土中，成为“支柱根”。这样柱根相连，柱枝相托，便形成了遮天蔽日、独木成林的奇观，巨大的树冠投影面积竟达1万平方米之多。据说，这里曾经容纳过一支六七千人的军队躲避骄阳，这真是“大树底下好乘凉”哟！

怪问题

“气根”是什么根？

气根是从植物的干枝萌发出来、暴露在大气中的不定根。气根有着极旺盛的生命力，依赖母体的营养，并吸收空气中的水分不断生长。这就是榕树“独木成林”的奥秘。

考考你

在福建漳州市朝阳镇桥头村的明代古城墙上，榕树根系盘根错节，连绵2千米，形成了我国最长、最神奇的“榕树根墙”。

漂亮的枫树还产糖

fēng shù shì qì shǔ zhí wù de sú chēng quán shì jiè
枫树是槭属植物的俗称。全世界
de qì shǔ zhí wù yuē zhǒng fēn bù yú yà zhōu ōu
的槭属植物约200种，分布于亚洲、欧
zhōu běi měi zhōu hé fēi zhōu běi bù biān yuán dì qū zhōng guó shì shì
洲、北美洲和非洲北部边缘地区。中国是世
jiè shang qì shù zhǒng lèi zuì duō de guó jiā mù qián yǐ yǒu duō zhǒng
界上槭树种类最多的国家，目前已有140多种，
quán guó gè dì jūn yǒu fēn bù zhǔ yào chǎn yú cháng jiāng liú yù jí qí yǐ
全国各地均有分布，主要产于长江流域及其以
nán gè shěng qū shì shì jiè qì shù de xiàn dài fēn bù zhōng xīn
南各省区，是世界槭树的现代分布中心。

fēng shù de guān shǎng jià zhí zhǔ yào zài yè zi de yán sè hé xíng
枫树的观赏价值主要在叶子的颜色和形
zhuàng zài shì jiè zhòng duō de hóng yè shù zhǒng zhōng fēng shù de shù zī
状。在世界众多的红叶树种中，枫树的树姿
yōu měi yè xíng xiù lì jí jù mèi lì dào le qiū jì tā men de
优美，叶形秀丽，极具魅力。到了秋季，它们的
yè zi jiàn jiàn biàn wéi hóng sè huò huáng sè děng fēi cháng piào liang
叶子渐渐变为红色或黄色等，非常漂亮。

更神奇的是，生长在加拿大的枫树还能产糖呢！人们叫它糖槭树。这种枫树长到15年时就可以采汁了，能连续采上50年。每逢春天，人们在树干上钻孔，接上管子，白色的树汁就顺着管子流出来。一棵15年树龄的糖槭树每年可产糖3千克，由此而来的枫糖浆也成为加拿大享誉世界的特产。

怪问题

枫树为什么能产糖？

枫树在生长期聚集淀粉，随着春天积雪融化，酶把淀粉水解成糖，糖再被植株根部吸收的水溶解，树汁就有了甜味。经过熬炼，枫树的树汁就能制糖了。

考考你

加拿大每年都要举行盛大的“枫树节”，以枫叶为标志的商品和印刷品比比皆是，就连加拿大的国旗上也飘着一片红艳的枫叶，因此它享有“枫之国”的美誉。

橡胶树：
自色树汁用处多

xiàng jiāo shù shì yī zhǒng gāo dà de qiáo mù
橡胶树是一种高大的乔木，
yòu chēng bā xī xiàng jiāo shù sān yè xiàng jiāo shù tā
又称巴西橡胶树、三叶橡胶树。它
men de yuán chǎn dì zài nán měi zhōu yà mǎ sūn hé liú
们的原产地在南美洲亚马孙河流
yù de rè dài yǔ lín zhōng yīn wèi gōng yè shang de
域的热带雨林中。因为工业上的
xū qiú liàng jù zēng rén men cái duì yě shēng xiàng jiāo
需求量剧增，人们才对野生橡胶
shù jìn xíng le dà guī mó yǐn zhòng xùn huà
树进行了大规模引种驯化。

zhōng guó shì zhòng xiàng jiāo shù kāi shǐ yú
中国试种橡胶树开始于20
shì jì chū nián yún nán shuài xiān cóng xīn
世纪初。1904年，云南率先从新
jiā pō yǐn rù jiāo miáo zhū shì zhòng chéng gōng
加坡引入胶苗8000株试种成功。
jīng guò dà bàn gè shì jì de nǔ lì
经过大半个世纪的努力，
xiàng jiāo shù zhōng yú zài wǒ guó dà miàn
橡胶树终于在我国大面
jī ān jiā luò hù le
积安家落户了。

zài chǎn jiāo zhí wù zhōng yǐ xiàng
在产胶植物中，以橡
jiāo shù de chǎn jiāo liàng zuì gāo zhì liàng
胶树的产胶量最高、质量

最好。世界上使用的天然橡胶，绝大部分是由橡胶树生产的。用刀子割破橡胶树的树皮，就会有像牛奶一样的白色汁液从割破的口子里滴下来。别小看这些黏黏的树汁，它们经过加工就成了用处很大的天然橡胶了！天然橡胶可以生产出轮胎、胶鞋等物品，用途广泛。

怪问题

为什么要在早上割橡胶？

割橡胶时，树汁流出的速度和数量与温度密切相关，最合适的温度是在19℃到25℃之间。在割胶的季节里，只有清晨的气温在这个范围内，所以人们就选择在早上割橡胶。

考考你

橡胶树生长在高温、高湿的环境中，喜欢土层深厚、肥沃湿润、排水性好的酸性砂壤土。它们不耐寒，要求年平均温度在26~27℃。

纺锤树：长个"肚子"来储水

纺锤树是一种"大肚子"树，它们的树干高达30余米，两头较细、腰部粗大得鼓了出来，远看就像个大大的纺锤，因而被叫做纺锤树。

纺锤树为什么会长成这么个怪模样呢？这跟它们的生长环境很有关系。纺锤树生长在南美洲的巴西高原上，那里有非常明显的旱季和雨季。雨季里水量充足，而要对付长长的旱季可得想办法了。所以，每逢下雨，纺锤树就拼命"喝水"，用发达的根系把雨水吸到"大肚子"里储存起来。你还

别不信，最大的树干能储存2吨水呢！所以，它们又有“绿色水塔”之称。当久旱不雨时，靠着“水塔”的供水，纺锤树依然枝叶繁茂。

在荒漠中，口渴的人们只要用刀在纺锤树的“肚子”上割一个小口子，汁水便会缓缓地从切口流出来。这些清新解渴的汁水可以直接饮用，给路人带来了不少方便。

怪问题

纺锤树还有什么抗旱高招？

每当旱季到来，纺锤树的叶子纷纷落下，以减少水分的散失。雨季一到，它们又萌生出新叶，同时用发达的根系拼命吸收水分，储存起来。

考考你

纺锤树有一个鼓出来的树干，树顶上长着稀稀拉拉的枝条，远看就像是个插着花的花瓶，所以人们又叫它“瓶子花”。

穿“白衣”的白桦树

白桦树是一种落叶乔木，在我国分布于东北大兴安岭、小兴安岭、长白山及华北高山地区。幼树直径20厘米左右、高10多米；成材后，树干直径60~70厘米、高20~30米。白桦树的树干挺拔，树皮上有许多线形横生的孔，远远看去就好像无数只眼睛在向四周瞭望。

白桦树可是树中的“美人”呢！它们枝叶疏散，枝条柔软，迎风摇曳，姿态优美，尤其是树皮洁白、树干修直，十分引人注目。

yīn wèi shù xíng xiù lì
因为树形秀丽，
bái huà shù yī bān zhòng zhí zài tíng
白桦树一般种植在庭
yuàn gōng yuán de cǎo píng yǐ jí
院、公园的草坪以及
chí pàn hú bīn dào lù páng
池畔、湖滨、道路旁。
ruò shì chéng piàn zāi zhí jiù kě
若是成片栽植，就可
yǐ zǔ chéng měi lì de fēng jǐng lín xià jì de bái huà lín yī piàn bì
以组成美丽的风景林。夏季的白桦林一片碧
lǜ zhī yè shū zhǎn yù yù cōng cōng qiū jì de bái huà lín yè piàn
绿，枝叶舒展，郁郁葱葱。秋季的白桦林叶片
yóu lǜ biàn huáng jīn guāng càn càn xuě bái de shù gàn hé jīn huáng de yè
由绿变黄，金光灿灿，雪白的树干和金黄的叶
piàn xiāng hù yìng chèn xiāng dé yì zhāng
片相互映衬，相得益彰。

怪问题

白桦树的树干为什么会穿“白衣”？

仔细观察一下，白桦树的树干可是又白又光滑！原来，白桦树的树皮有好几层，里面的几层是褐色的，而最外面一层含有白色的白桦脂和软木脂，因此它们就像是穿了件“白衣”一样。

考考你

我国大兴安岭境内的野生白桦树的树汁是一种无色或微带淡黄色的透明液体，是天然的饮品，有独特的药用功能，被欧洲人称为“森林饮料”。

胡杨——沙漠的脊梁

hú yáng yòu chēng hú tóng shì zuì gǔ lǎo de yī zhǒng yáng shù
胡杨又称胡桐，是最古老的一种杨树，
duō wàn nián qián jiù kāi shǐ zài dì qiú shang shēng cún le tā men
6000多万年前就开始在地球上生存了。它们
kāi zǐ hóng sè de huā jiē cháng tuǒ yuán xíng de shuò guǒ shì wǒ guó xī
开紫红色的花，结长椭圆形的蒴果，是我国西
běi dì qū zhòng yào de zào lín shù zhǒng
北地区重要的造林树种。

hé yī bān de yáng shù bù tóng hú yáng néng rěn shòu huāng mò
和一般的杨树不同，胡杨能忍受荒漠
zhōng gān hàn duō biàn de è liè qì hòu duì yán jiǎn yǒu jí qiáng de
中干旱、多变的恶劣气候，对盐碱有极强的
rěn nài lì zài dì xià shuǐ hán yán liàng hěn gāo de tǎ kè lā mǎ
忍耐力。在地下水含盐量很高的塔克拉玛
gān shā mò zhōng hú yáng zhào yàng zhī fán yè mào jiān qiáng tǐng lì bèi
干沙漠中，胡杨照样枝繁叶茂，坚强挺立，被
rén men zàn wéi shā mò de jǐ liang
人们赞为“沙漠的脊梁”。

hú yáng yǒu zhe tè shū de shēng cún
胡杨有着特殊的生存
běn lǐng tā men de gēn kě yǐ zhā dào
本领。它们的根可以扎到

10米以下吸取地下水，树干里还能贮存大量的水分应付干旱。更高明的是，胡杨的细胞有特殊的机能，不仅不受碱水的伤害，还能不断地从含有盐碱的地下水中汲取水分和养料。折断胡杨的树枝，从断口处流出的汁液蒸发后就留下了生物碱。一株大胡杨树一年能生产几十斤碱呢！

怪问题

为什么杨树会下“毛毛虫”？

春天，杨树真的会下“毛毛虫”呢！这种挂在枝叶间的毛毛虫一样的东西是杨树的花苞，小嫩芽就是从花苞里钻出来的。风一吹，小花就像“毛毛虫”一样掉下来了。

考考你

在塔里木河流域，胡杨被世居此地的维吾尔族人称为“英雄树”，有“长着不死一千年，死了不倒一千年，倒了不烂一千年”的说法。

撑着绿叶伞的棕榈

棕榈是我国特有的经济树种，主要分布在秦岭以南长江中下游地区。它们生命力顽强，算得上是经济树种中的“寿星”，寿长百岁的并不罕见。它们主干挺直，没有分枝，外面穿着一件叶鞘形成的“棕衣”。叶子很大，集中长在顶部，就像撑着一把四季常绿的大伞。夏初开花，黄色花朵就像玉米穗子似的，秋季就结出一串串淡蓝黑色的球形核果。

zōng lú xǐ huan wēn nuǎn shī rùn de
棕榈喜欢温暖湿润的
huán jìng zāi zhòng zài dī àn liǎng cè jì
环境，栽种在堤岸两侧，既
gù tǔ hù dī yòu wèi dào lù zēng jiā
固土护堤，又为道路增加
měi jǐng shèng xià tā men shū zhǎn de
美景。盛夏，它们舒展的
huá gài wèi rén men zēng tiān le lǜ yīn
华盖，为人们增添了绿荫；
hán dōng tā men zài fēng zhōng ào rán tǐng lì cóng bù diāo líng luò yè
寒冬，它们在风中傲然挺立，从不凋零落叶。

zōng lú de shù gàn zōng pí zōng biān zōng ké zōng yè hé zhǒng zi
棕榈的树干、棕皮、棕边、棕壳、棕叶和种子
dōu yǒu yòng chu yè bǐng jī bù de zōng máo kě yǐ rù yào jiù lián guǒ
都有用处，叶柄基部的棕毛可以入药，就连果
pí yě shì zhì zào fù xiě zhǐ dì bǎn là děng de yuán liào ne
皮也是制造复写纸、地板蜡等的原料呢！

怪问题

棕榈什么时候可以剥棕皮？

棕榈生长缓慢，七八年后才能开剥棕皮，这样可以连续剥上几十年。通常，每年采剥棕皮两次，一次在春季棕榈花开时，一次在秋天果熟前。

考考你

棕榈可观赏又兼收经济之利，人们为此歌颂道：“不吃你的饭，不穿你的衣，每年还送上一层皮。”它对人类的贡献确实很大。

天然泡桐材质好

pào tóng yuán chǎn yú wǒ guó tiān rán lèi xíng hěn duō bāo kuò yě
泡桐原产于我国，天然类型很多，包括野
shēng xíng hé bàn yě shēng xíng wǒ guó shì shì jiè shang pào tóng zhǒng lèi zuì
生型和半野生型。我国是世界上泡桐种类最
fēng fù de guó jiā
丰富的国家。

pào tóng shù pí wéi huī sè hè sè huò hēi sè páng dà de shù
泡桐树皮为灰色、褐色或黑色，庞大的树
guān chéng yuán zhuī zhuàng huò sǎn zhuàng yè zi dà dà de hái yǒu cháng
冠呈圆锥状或伞状，叶子大大的，还有长
cháng de yè bǐng yǒu qù de shì suí zhe shù líng de zēng dà pào tóng
长的叶柄。有趣的是，随着树龄的增大，泡桐
shù yè miàn jī huì zhú jiàn biàn xiǎo chūn jì dà xíng zǐ huā xuàn lì
树叶面积会逐渐变小。春季，大型紫花绚丽
duó mù xīn xiāng xí rén jiǔ shí yuè jiān jiē chū luǎn xíng huò tuǒ yuán
夺目，馨香袭人。九、十月间结出卵形或椭圆
xíng de shuò guǒ cháng yuán xíng de zhǒng zi hěn xiǎo dàn shù liàng zhòng duō
形的蒴果。长圆形的种子很小，但数量众多。

如果管理得好，泡桐树五六年即可成材，对抗御干旱、风沙、干热风、早晚霜雪灾害等有巨大作用。而且泡桐的材质很好，木质轻，易加工，纹理鲜明美观，不易翘裂变形，不易燃烧，还具有隔热防潮、耐腐、易干燥等优点，可用于工农业及日常生活等各个方面，因此还出口国外呢！

怪问题

泡桐都有哪些用途？

泡桐的花可做肥料，还被用来诱捕害虫。
它的叶、花、果、树皮都可用于制药。泡桐的树态优美，不仅是优良的用材树种，而且也是观赏和工矿区绿化的合适树种。

考考你

泡桐的叶子大而多毛，能分泌黏液，吸附粉尘，净化空气，对二氧化硫等有毒气体有抗性，被称为“天然吸尘器”。

只长“个子”的竹子

zhú zi de zōng jì biàn bù quán qiú wǒ
竹子的踪迹遍布全球。我
guó shì zhú lèi zī yuán zuì fēng fù de guó jiā
国是竹类资源最丰富的国家，
sù yǒu zhú zi wáng guó zhī chēng mù qián yǒu
素有“竹子王国”之称，目前有
zhú zi duō zhǒng zhú lín zhǒng lèi miàn jī hé
竹子500多种，竹林种类、面积和
xù jī liàng dōu pái zài shì jiè qián liè
蓄积量都排在世界前列。

zhú zi shēng zhǎng de sù dù hěn kuài yǒu de
竹子生长的速度很快，有的
yī tiān zhī nèi néng zhǎng mǐ yǐ shàng zài jǐn jǐn
一天之内能长1米以上，在仅仅
liǎng sān gè yuè nèi biàn kě yǐ wán quán fā yù chéng shú
两三个月内便可以完全发育成熟。
dàn shì zhú zi bìng bù néng xiàng shù mù nà yàng yī
但是，竹子并不能像树木那样一
miàn zhǎng gāo yī miàn zhǎng cū zhè shì wèi shén me
面长高，一面长粗，这是为什么
ne yuán lái shù mù jīng gàn li yǒu yī céng huó
呢？原来，树木茎干里有一层活
yuè de xíng chéng céng huì bù tíng de xiàng sì zhōu
跃的形成层，会不停地向四周
fēn liè chū xīn de xì bāo shù mù jiù zhǎng cū
分裂出新的细胞，树木就长粗
le ér zhú zi méi yǒu xíng chéng céng
了。而竹子没有形成层，
suǒ yǐ jiù zhǐ néng zhǎng gè zi
所以就只能长“个子”、

bù néng zhǎng cū le zǐ xì
不能长粗了。仔细
guān chá hòu nǐ biàn huì fā xiàn
观察后你便会发现，
shí jǐ mǐ gāo de zhú zi jìng
十几米高的竹子竟
rán hé gāng mào chū lái de zhú
然和刚冒出来的竹
sǔn chà bu duō cū ne
笋差不多粗呢！

zǎo zài wǒ guó hàn dài jiù kāi shǐ yòng zhú zi zuò wéi zào zhǐ yuán
早在我国汉代就开始用竹子作为造纸原
liào zhú zi néng zuò chéng zhú xí zhú yǐ děng zhú biān gōng yì pǐn
料。竹子能做成竹席、竹椅等，竹编工艺品
gèng shì lín láng mǎn mù yīn cǐ zhú zi hái shi yī zhǒng hěn zhòng yào
更是琳琅满目。因此，竹子还是一种很重要
de jīng jì zuò wù ne
的经济作物呢！

怪问题

为什么竹子一生只能开一次花？

竹子是不容易开花的多年生植物，但遇上反常的气候就会开花。一旦开花结果后，植株便会因养分消耗殆尽而死去。所以竹子一生只开一次花。

考考你

一般植物只有茎的顶部能生长，而竹笋的茎分成很多节，并且每一节都能生长。通常一根竹笋有几十节，生长速度就是其他植物的几十倍，当然蹿得快喽！

国色天香的牡丹

jìng kuā tiān xià shuāng wú jué dú lì rén jiān dì yī xiāng mǔ
“竞夸天下双无绝，独立人间第一香。”牡
dan de guó sè tiān xiāng cóng gǔ zhì jīn yī zhí bèi rén men zàn sòng mǔ
丹的国色天香从古至今一直被人们赞颂。牡
dan de zāi péi lì shǐ zǎo zài wèi jìn nán běi cháo shí jiù yǐ yǒu jì zǎi
丹的栽培历史早在魏晋南北朝时就已有记载。
dào le táng sòng mǔ dan zāi péi jì shù yǐ yǒu hěn dà fā zhǎn zài
到了唐宋，牡丹栽培技术已有很大发展。在
táng cháo mǔ dan gèng shì yàn yā qún fāng bèi yù wéi huā wáng
唐朝，牡丹更是艳压群芳，被誉为“花王”。

mǔ dan shì duō nián shēng luò yè xiǎo guàn
牡丹是多年生落叶小灌
mù shēng zhǎng huǎn màn zhū xíng xiǎo gēn cū ér
木，生长缓慢，株型小；根粗而
cháng zhōng xīn mù zhì huà gēn
长，中心木质化，根
pí hé gēn ròu de sè zé yīn
皮和根肉的色泽因
pǐn zhǒng ér yì zhī gàn zhí
品种而异；枝干直
lì cóng gēn jīng chù
立，从根茎处
cóng shēng xǔ duō fēn
丛生许多分
zhī jiù chéng le guàn
枝就成了灌
mù zhuàng mǔ dan zhí zhū
木状。牡丹植株

端庄，姿态典雅，花朵硕大，花色鲜艳，花香宜人，在我国的传统名花中最负盛名，长期以来被人们当做富贵吉祥、繁荣兴旺的象征。

牡丹的颜色品种很丰富，有红牡丹、白牡丹、紫牡丹、黄牡丹，还有稀罕的黑牡丹和绿牡丹呢！

怪问题

牡丹花最好的传统名种有哪些？

自古有“洛阳牡丹甲天下”之说，洛阳牡丹无疑是最优的。其中有两个传统名种，一个是开黄花的姚黄，另一个是开紫花的魏紫，直到现在还是花冠群芳。

考考你

唐朝刘禹锡的诗句“唯有牡丹真国色，花开时节动京城”，形象描绘了牡丹吐艳的盛况。现在每年都会定期举办洛阳牡丹花会，中外游人共赏花王。

好伺候的"花中皇后"

月季别名长春花、斗雪红、瘦客等，它们有的是有刺灌木，有的呈蔓状和攀缘状。月季的适应性强，耐寒耐旱，对土壤要求不高。它们喜欢日照充足和空气流通的环境，喜欢温暖的气候，一般生长温度在22~25℃最为适宜。

月季花娇艳高雅，品种繁多，花有红、黄、白、紫等多种颜色；花朵硕大，有的直径可以达到20厘米；花瓣鲜艳阔厚，经久不谢，还带

yǒu qīng xiāng dàn yuè jì kě bù
有清香。但月季可不
shì néng qīng yì jiē jìn de tā men
是能轻易接近的，它们
shēn shang zhǎng mǎn le jiān cì ràng
身上长满了尖刺，让
rén zhǐ néng xīn shǎng bù néng chù jí
人只能欣赏不能触及，
suǒ yǐ jiù yǒu le huā zhōng huáng hòu de chēng hào
所以就有了“花中皇后”的称号。

yào shi rèn wéi yuè jì shì zhǒng jiāo qì de huā huì nà nǐ jiù
要是认为月季是种娇气的花卉，那你就
cuò le qí shí yuè jì hái shi hěn hǎo cì hou de pén zāi shì wài
错了。其实月季还是很好伺候的，盆栽、室外
péi zhí dōu néng shì yìng ér qiě huā qī hěn cháng néng yī zhí cóng yuè
培植都能适应，而且花期很长，能一直从4月
kāi dào yuè ne yīn cǐ hái dé le yuè yuè hóng de wài hào
开到11月呢！因此还得了“月月红”的外号。

怪问题

怎样区别月季和玫瑰？

月季和玫瑰的花朵几乎是一个模样，但它们还是有区别的：月季的刺粗而弯曲，玫瑰的刺又密又多；月季的花朵较大，而玫瑰的叶片表面有皱褶。

考考你

世界人民对月季都十分喜爱。有的国家还把月季图案印到钱币、徽章、旗帜和建筑物上。中国也是月季的故乡，好多城市把月季定为市花。

花中君子也“挑剔”

君子兰是一种多年生常绿草本植物。虽然带有一个“兰”字，君子兰却不属于兰科，而是石蒜科植物。因为叶子形状似剑，所以又名剑叶石蒜。

君子兰是美化环境的理想盆花。它的叶子基部套叠成鳞片状，就像一股粗壮的喷泉平地涌出，叶色苍翠有光泽。花茎从叶丛中

怪问题

君子兰有什么美好的别称？

君子兰可观花又可赏叶，它们的叶形优美，花朵娇艳，植株挺拔，姿态高贵，所以人们称君子兰为“花中君子”。

考考你

君子兰能释放大量的氧气，是家庭小“氧吧”呢！君子兰植株体内含有石蒜碱、君子兰碱和微量元素硒，有很高的药用价值。

抽出，直立生长，顶端生有漏斗形的花朵，呈橙红色，一般10~18朵花聚集成伞形花序，花期较长。

君子兰原产于非洲南部，多生长在大树下面，所以它们既怕炎热又不耐寒。它们喜欢半阴、湿润的环境，害怕强烈的直射阳光；最中意深厚肥沃疏松的土壤，喜欢通风的环境。君子兰对温度可是很“挑剔”的，它们的最佳生长温度在18~22℃之间。一旦温度在5℃以下或30℃以上，君子兰的生长就会受抑制，因此它们是著名的温室花朵。

梅花香自寒中来

méi huā yòu bèi yù wéi wǔ fú huā shì zhōng guó de chuán tǒng
梅花又被誉为“五福花”，是中国的传统
míng huā xiàng zhēng zhe kuài lè xìng fú cháng shòu shùn lì hé píng
名花，象征着快乐、幸福、长寿、顺利、和平。
méi huā yuán chǎn yú wǒ guó yǒu hóng bái huáng děng bù tóng yán sè
梅花原产于我国，有红、白、黄等不同颜色，
zhàn fàng shí qīng xiāng sì yì gǔ jīn shī rén huà jiā wèi tā bù lìn zàn
绽放时清香四溢。古今诗人画家为它不吝赞
měi tā de líng hán liú xiāng gèng wéi shì rén suǒ jìng zhòng
美，它的凌寒留香更为世人所敬重。

méi huā péi zhí qǐ yuán yú shāng dài jù jīn yǐ yǒu jìn nián
梅花培植起源于商代，距今已有近4000年
de lì shǐ méi shì huā zhōng de shòu xing wǒ guó bù shǎo dì qū
的历史。梅是花中的“寿星”，我国不少地区
hái cún yǒu qiān nián gǔ méi hú běi huáng méi xiàn yǒu yī zhū duō
还存有千年古梅。湖北黄梅县有一株1600多
suì de jìn méi zhì jīn hái zài suì suì kāi huā
岁的晋梅，至今还在岁岁开花。

dà duō shù zhí wù dōu zài chūn
大多数植物都在春
tiān hé xià tiān kāi huā kě méi huā què
天和夏天开花，可梅花却
yǔ zhòng bù tóng zài wēn nuǎn de jì
与众不同。在温暖的季
jié li tā men zhǐ shì yī ge jìnr
节里，它们只是一个劲儿
de zhǎng yè zi děng dào le hán lěng de
地长叶子，等到了寒冷的
dōng tiān tā men cái zài guāng tū tū de zhī tiáo shang kāi chū xīng
冬天，它们才在光秃秃的枝条上开出星
xīng diǎn diǎn de xiǎo huā ér qiě yuè shì hán lěng yuè shì kāi de
星点点的小花，而且越是寒冷越是开得
xuàn làn bù wèi yán hán yī zhī dú xiù zhèng shì yīn wèi zhè
绚烂，不畏严寒，一枝独秀。正是因为这
zhǒng bù qū de pǐn gé méi huā cái wéi guó rén suǒ zhōng ài
种不屈的品格，梅花才为国人所钟爱。

怪问题

话梅和梅有关系吗？

话梅是我们很喜欢的食品。它是将梅子与糖、盐、甘草等一起腌制后晒干而成的。而这梅子就是果梅树结的果实。

考考你

梅花是世界著名的观赏花木，尤其以风韵美著称。每当冬末春初，疏花点点，清香远溢。梅在中国与松、竹并称为“岁寒三友”，还位列梅、兰、竹、菊“四君子”之首。

清香水仙不是蒜

水仙别名天葱、雅蒜、金盏银台、玉玲珑等，属于石蒜科，是多年生鳞茎草本花卉。水仙为我国十大名花之一，每到过新年，人们都喜欢用水仙作为室内点缀，把它当做“年花”。

只用一勺清水，水仙就能生根发芽，含苞怒放。它们的根，跟丝一般，纤尘不染；它们的叶，碧绿葱翠，非常传神；它们的花，清秀美丽，清香馥郁。所以水仙又有“凌波仙子”的雅号。因为水仙的鳞茎和蒜很像，长出

的叶片也像蒜叶，所以又有“水仙不开花，装蒜”的有趣说法。

水仙一般用鳞茎栽植，它们喜欢有阳光、温暖的气候，不耐寒、又怕炎热，营养生长期需要湿润而又不积水的沙质土壤。水仙秋季开始生长，冬季开花，春季贮藏养分，夏季休眠，整个生长周期真是与众不同！

怪问题

为什么水仙可以直接养在水里？

通常，我们都会买培育好的水仙鳞茎养在水里。因为鳞茎里储存了足够的养分，所以只需直接在水里培育，加上适宜的阳光和温度，它就能生根发芽开花了。

考考你

水仙花的鳞茎中含有一种叫拉可丁的毒素，误食了会引起呕吐或腹泻。花儿之所以有毒，是为了抵御病虫害的侵扰，更好地保护自己。

亭亭荷花别样美

hé huā yòu jiào lián huā shǔ yú shuì lián kē duō nián shēng shuǐ
荷花又叫莲花，属于睡莲科多年生水
shēng cǎo běn zhí wù hé huā de gēn jīng zhǎng zài chí táng huò hé liú
生草本植物。荷花的根茎长在池塘或河流
dǐ bù de yū ní shang ér hé yè huā gěng tǐng chū shuǐ miàn fēng zī
底部的淤泥上，而荷叶、花梗挺出水面，风姿
chuò yuē měi dào xià tiān céng céng dié dié de hóng huā hé yòu yuán
绰约。每到夏天，层层叠叠的红花和又圆
yòu dà de lǜ yè jiāo xiāng huī yìng fēi cháng piào liang
又大的绿叶交相辉映，非常漂亮。

huā yè cóng wū ní li zhǎng chū lái què shì guāng jié měi lì zhè
花叶从污泥里长出来，却是光洁美丽，这
shì wèi shén me ne yuán lái hé huā hé hé yè biǎo miàn yǒu yī céng
是为什么呢？原来，荷花和荷叶表面有一层
xiàng là yī yàng de dōng xi ér qiě hé yè āo jìn qù de biǎo miàn yǒu
像蜡一样的东西，而且荷叶凹进去的表面有
kōng qì shǐ de wū ní hé zāng shuǐ hěn nán jìn rù zhè yàng zāng dōng
空气，使得污泥和脏水很难进入。这样，脏东
xi jiù jī hū bù néng tíng liú zài biǎo miàn le
西就几乎不能停留在表面了。

荷花开花可是有很强的时间性的。通常，第一天凌晨五六点时，荷花盛开，接着又慢慢闭合，到了十点左右，它闭合得就像没开的花苞一样。到了第二天凌晨，它又重新开花，再闭合。一定时间后，荷花的花瓣就一片一片凋谢了。

怪问题

为什么荷叶总能留住水珠？

原来，荷叶表面有一层密密的小茸毛，含有像蜡一样的物质，当雨水或露水落在荷叶上，水滴就不容易散开，因而就形成了一颗颗圆圆的水珠，晶莹剔透。

考考你

荷花的果实俗称莲子，有一层坚硬的外壳，成熟后果皮下的气孔道缩小，帮助呼吸的同时又阻止微生物进入。这种特殊的结构使得莲子长久地保持着生命力。

花中西施数杜鹃

dù juān sú chēng yìng shān hóng shì shì jiè shang zuì zhù míng de huā
杜鹃俗称映山红，是世界上最著名的花

huì zhī yī tā shì dù juān huā kē zhōng de yī zhǒng xiǎo guàn mù huā
卉之一。它是杜鹃花科中的一种小灌木，花

duǒ měi lì huā sè fán duō yǒu shēn hóng dàn hóng méi gui hóng zǐ
朵美丽，花色繁多，有深红、淡红、玫瑰红、紫、

bái děng duō zhǒng sè cǎi jīng guò rén men duō nián de péi yù dù juān
白等多种色彩。经过人们多年的培育，杜鹃

yǐ yǒu dà liàng de zāi péi pǐn zhǒng chū xiàn huā de sè cǎi gèng jiā fēng
已有大量的栽培品种出现，花的色彩更加丰

fù huā xíng yě duō zhǒng duō yàng yǒu dān bàn jí chóng bàn de pǐn zhǒng
富，花形也多种多样，有单瓣及重瓣的品种。

měi dào chūn jì dù juān huā kāi fàng shí mǎn shān xiān yàn de huā duǒ rú
每到春季杜鹃花开放时，满山鲜艳的花朵，如

tóng cǎi xiá rào lín bèi rén men yù
同彩霞绕林，被人们誉

wéi huā zhōng xī shī
为“花中西施”。

dù juān zuì xǐ huan suān xìng
杜鹃最喜欢酸性

tǔ rǎng tā men zài gài zhì tǔ
土壤，它们在钙质土

zhōng shēng zhǎng de bù hǎo shèn zhì
中生长得不好，甚至

huì tíng zhǐ shēng zhǎng tǔ rǎng xué jiā
会停止生长。土壤学家
yīn cǐ cháng cháng bǎ dù juān zuò wéi suān
因此常常把杜鹃作为酸
xìng tǔ rǎng de zhǐ shì zhí wù
性土壤的指示植物。

dù juān xǐ huan liáng shuǎng shī
杜鹃喜欢凉爽、湿
rùn tōng fēng de bàn yīn huán jìng jì
润、通风的半阴环境，既
pà kù rè yòu pà yán hán shì yí de shēng zhǎng wēn dù wéi
怕酷热又怕严寒，适宜的生长温度为12~25℃。
xià jì yī dàn qì wēn chāo guò dù juān de xīn shāo hé xīn yè
夏季一旦气温超过35℃，杜鹃的新梢和新叶
shēng zhǎng biàn de huǎn màn chǔ yú bàn xiū mián zhuàng tài yīn cǐ xià
生长变得缓慢，处于半休眠状态。因此夏
jì yào wèi tā men fáng shài zhē yīn dōng jì yào zhù yì fáng hán bǎo nuǎn
季要为它们防晒遮阴，冬季要注意防寒保暖。

怪问题

为什么色彩艳丽的花常常没香味？

花儿主要通过颜色和气味吸引昆虫来传粉。对于杜鹃这样色彩艳丽的花来说，靠颜色就能吸引昆虫，所以就没必要再散发香味了。

考考你

杜鹃会开出漏斗状的花朵，花瓣有酸味，可以当水果吃，但是一次可不能吃得太多，否则会引起鼻子出血哦！

山茶花：没有香味别样娇艳

山茶花枝叶俊美，叶色常绿，花大色艳，花期较长，盆栽作为室内点缀，典雅耐看；在庭院中种植，自然怡人。

山茶花是我国的传统名花之一，自古以来就被誉为“花中珍品”。山茶花品种多样，花色丰富多彩，有红、粉、桃红、黄、白、紫和变化极多的复色。它的花朵硕大丰腴，花形亦十分奇特而多样，有荷花型、芙蓉型、绣球型、蔷薇型、牡丹型等，名花的花形几乎无所不包。

shān chá huā de huā qī yīn
山茶花的花期因
pǐn zhǒng bù tóng ér yǒu xiān hòu
品种不同而有先后。
zǎo huā pǐn zhǒng zài jīn qiū shí yuè
早花品种在金秋十月
jiù zhàn xiào yíng rén le ér bù
就绽笑迎人了，而不
shǎo pǐn zhǒng zài zǎo chūn huò lóng dōng
少品种在早春或隆冬
jì jié bǎi huā diāo líng zhī shí zhàn fàng shān chá huā méi yǒu xiāng wèi
季节，百花凋零之时绽放。山茶花没有香味，
dàn nán dé de shì tā men de huā duǒ néng bǎo chí yī gè duō yuè bù
但难得的是，它们的花朵能保持一个多月不
diāo luò yīn ér néng zài dōng jì pén zāi huā mù zhōng chàng zhǔ jué ne
凋落，因而能在冬季盆栽花木中“唱主角”呢！

怪问题

金花茶为什么被称为“茶族皇后”？

山茶花中一直没有黄色的成员，直到50多年前，在我国广西发现了黄色的山茶花——金花茶。金花茶娇艳美丽，但极为稀少，所以就被人们称为“茶族皇后”。

考考你

长在土里的植物通过根来吸收营养，制造出生长所需的糖分。因此，在花瓶里加点糖，可以使水更有营养，插在瓶里的鲜花就能开得久一些。

八月桂花香满园

桂花终年常绿，枝繁叶茂，秋季开花，芳香四溢，可谓“独占三秋压群芳”，因而又有“七里香”、“九里香”的别称。在园林绿化中，桂树可受欢迎啦！它们喜欢阳光，在全光照下，枝叶生长茂盛，开花繁密；相反若在阴处生长，它们枝叶稀疏，花也稀少。

桂花最适宜的生长温度是15~28℃。湿度对桂花的生长发育也极为重要。早晚冷凉、白天闷热的天气既有利于桂树的营养积累，也

促使雨露的形成，桂树开花也就跟着加速了。中秋前后，天气突然热一热，桂花一经催化，就金灿灿地盛开了。所以桂树开花需要一定的湿度和温差。

桂花不仅好闻，而且还好用呢！桂花可以提取芳香油，用于食品、化妆品的生产，还有很不错的药用功效。

怪问题

为什么人们喜欢种植桂树？

在住宅四周栽种桂树，能收到“金风送香”的效果。桂花还对有害气体二氧化硫、氟化氢有一定的抗性，具有吸附尘埃的能力，所以也是工矿区绿化的一种合适的花木。

考考你

桂花的名称很多，因其叶脉形如圭而称“圭”；因其材质致密，纹理如犀而称“木犀”；因其自然分布于丛生岩岭间而称“岩桂”。

藏了“机关”的兰花

lán huā shì wǒ guó shí dà míng huā zhī yī tā men zī tài qí
兰花是我国十大名花之一。它们姿态奇
yì pǐn zhǒng tè bié fēng fù bǐ rú chūn lán jiàn lán huì lán děng dōu
异，品种特别丰富，比如春兰、剑兰、蕙兰等都
shì chuán tǒng pǐn zhǒng xiǎo huā diǎn yǎ dà fang xiāng qì qīng xīn xiàn zài
是传统品种，小花典雅大方，香气清新。现在
hái yǒu hěn duō lái zì guó wài de pǐn zhǒng bǐ rú hú dié lán wén xīn
还有很多来自国外的品种，比如蝴蝶兰、文心
lán děng kāi chū de huā duǒ sè cǎi jí qí yàn lì
兰等，开出的花朵色彩极其艳丽。

wèi le chuán bō huā fěn lán huā de huā duǒ gòu zào fēi cháng bié
为了传播花粉，兰花的花朵构造非常别
zhì hé qí tā dà duō shù huā bù tóng lán huā méi yǒu fēn lí de
致。和其他大多数花不同，兰花没有分离的
xióng ruǐ hé cí ruǐ ér shì zài chún bàn shàng fāng hé èr wéi yī de shēng
雄蕊和雌蕊，而是在唇瓣上方合二为一地生
chéng yī gè tè yǒu de hé ruǐ zhù dàn tā men zì jǐ què bù néng
成一个特有的“合蕊柱”。但它们自己却不能
shòu fěn hái děi kào kūn chóng lái bāng máng
授粉，还得靠昆虫来帮忙。

lán huā huā bàn de zuì dǐ
兰花花瓣的最底
xia yī piàn bèi chēng wéi chún bàn
下一片被称为唇瓣。
chún bàn cháng cháng chéng xiàn
唇瓣常常呈现
gè zhǒng měi lì de sè cǎi zhè
各种美丽的色彩，这
shì wèi le yíng jiē kūn chóng lái fǎng
是为了迎接昆虫来访
ér zhuān mén pū shè de tà bǎn kūn chóng huì zài chún bàn shang tíng
而专门铺设的“踏板”。昆虫会在唇瓣上停
liú fàng xīn xī mì dāng kūn chóng fēi xiàng lìng yī zhū lán huā shí tā
留，放心吸蜜。当昆虫飞向另一株兰花时，它
men jiù bǎ zhān zài tóu shang de xióng ruǐ de huā fěn dài guò qù le lán
们就把粘在头上的雄蕊的花粉带过去了。兰
huā wèi chuán fěn shè de jī guān hěn qiǎo miào ba
花为传粉设的机关很巧妙吧！

怪问题

兰花有种子吗？

兰花是有种子的，只是它们太细小了，很难被人们注意到，只有在显微镜下才能看清楚。兰花的种子两头尖尖的，形状像纺锤一样。

考考你

兰花的老家在深山或悬崖上，很少被外界因素打搅，因而花期特别长。有一种叫双叶草的兰花，花期有70~80天呢！

小花朵叠成大菊花

菊花是我国的传统名花，品种、颜色多种多样，花姿、花形千姿百态，十分秀丽，还带有一抹浅淡的馨香。菊花的功用非凡，是一种药食同源的常见花卉。在我国，赏菊、吃菊的习惯一直延续了数千年。

菊花喜欢阳光充足、通风条件好的环境，耐严寒霜冻，适应性强，生命力旺盛。别看菊花品种非常丰富，其实原始品种就是一种长在野地里的小黄花。在后来的栽培过程中，经过嫁接、授粉等手段，越来越多的菊

huā pǐn zhǒng jiù chū xiàn le
花品种就出现了。

zhī dào ma wǒ men píng shí
知道吗？我们平时

kàn dào de nà yī duǒ dà jú
看到的那“一朵”大菊

huā kě shì yóu xǔ duō xiǎo huā zǔ
花可是由许多小花组

chéng de ne sì zhōu yī quān céng
成的呢！四周一圈层

céng dié dié de xiǎo huā biǎn biǎn píng píng jiào zuò shé zhuàng huā zhōng jiān
层叠叠的小花扁扁平平，叫做舌状花；中间

yī cóng xì xì cháng cháng de xiǎo huā jiào zuò guǎn zhuàng huā zhè xiē xiǎo
一丛细细长长的小花，叫做管状花。这些小

huā dōu yǒu zì jǐ de huā bàn hé huā ruǐ jiù shì tā men zǔ chéng le
花都有自己的花瓣和花蕊，就是它们组成了

yī duǒ dà dà de jú huā
一朵大大的菊花。

怪问题

菊花为什么不怕冷？

在大地披霜的深秋季节，菊花竞相开放，丝毫不惧寒冷。这是因为菊花植株里含有很多糖分，能够提供足够的能量，使它们在寒冷的天气里也能顽强生长。

考考你

菊花分为野菊和家菊。家菊清肝明目，野菊甘苦微寒，清热解毒，对眼睛劳损、头痛、高血压等有一定效用。

短暂的樱花更绚烂

樱花别名山樱花，是蔷薇科落叶乔木。树皮紫褐色，平滑而有横纹。叶子表面深绿色，有光泽，背面颜色稍浅。每年进入3月，樱花就盛开了，颜色有白的、淡红的，满树烂漫，如云似霞，隐约飘散着淡淡的清香，是早春开花的著名观赏花木。

唐代皮日休有诗句“婀娜拔香拂酒壶……唯有春风独自扶”，正是描绘了春日里樱花的婀娜多姿。樱花绽放时很绚烂，但是花期很短，从开花到凋谢只不过几天。整棵樱树从

kāi huā dào huā quán xiè dà yuē 16 tiān
开花到花全谢大约16天
zuǒ yòu dàn zhèng shì yīng huā měi ér
左右。但正是樱花美而
yì luò de tè diǎn cái shǐ tā yōng yǒu
易落的特点才使它拥有
zhè me dà de mèi lì
这么大的魅力。

rì běn rén hěn ài yīng huā bù
日本人很爱樱花，不
guāng shì xīn shǎng tā de měi lì ér qiě zàn shǎng tā càn làn zhōng diāo luò
光是欣赏它的美丽，而且赞赏它灿烂中凋落
shí bù wū bù rǎn qīng yíng sǎ tuō de xìng gé zhè qià qià shì rì běn
时不污不染、轻盈洒脱的性格，这恰恰是日本
rén mín chóng shàng de rì běn jīng shén
人民崇尚的日本精神。

怪问题

为什么花儿有多种颜色？

这是花瓣里的花青素和胡萝卜素在作怪。花青素使花儿呈现红色、紫色或蓝色，胡萝卜素使花儿显现黄色或橙红色。这两种物质凑在一块儿，花儿就有很多种颜色了。

考考你

每年的3月15日至4月15日是日本的“樱花节”。这时，日本的樱花开得极盛，到处都是，男女老少都喜欢到公园或野外观赏樱花。

见花不见叶的木棉

mù mián yòu míng pān zhī huā hóng mián
木棉又名攀枝花、红棉
shù děng shì yī zhǒng zài rè dài jí yà rè dài
树等，是一种在热带及亚热带
dì qū shēng zhǎng de luò yè dà qiáo mù mù
地区生长的落叶大乔木。木
mián de shù gàn suī rán cū dà dàn mù zhì tài
棉的树干虽然粗大，但木质太
ruǎn yòng tú bù dà zǐ xì liú yì shù gàn jī bù nǐ huì fā xiàn
软，用途不大。仔细留意树干基部，你会发现
shàng miàn zhǎng yǒu liú cì kě yǐ fáng zhǐ dòng wù de qīn rù
上面长有瘤刺，可以防止动物的侵入。

měi nián yuè fèn mù mián shù kāi huā le mǎn shù de huā
每年2~3月份，木棉树开花了。满树的花
duǒ yàn lì rú xiá jiù shì zhǎo bù dào yī piàn yè zi yě zhèng shì
朵艳丽如霞，就是找不到一片叶子。也正是
yīn wèi mù mián shù huā hóng sì huǒ xiǎn de xióng wěi zhuàng lì rén men yòu
因为木棉树花红似火，显得雄伟壮丽，人们又
chēng tā wéi yīng xióng shù dàn shì wèi shén me huì kàn bù dào yè zi
称它为“英雄树”。但是为什么会看不到叶子

呢？原来，这是由于木棉的花芽和叶芽生长需要不同的温度造成的。木棉花芽生长需要较低的温度，而叶子却受不了这种低温，纷纷落下，因此当木棉开花时，叶子就都不见了。等到温度逐渐升高，木棉的叶芽才开始生长，而花朵因为受不了越来越高的温度，就凋谢了。

怪问题

木棉为什么又叫攀枝花？

木棉树干挺拔高大，它们的果实都挂在树枝顶端。为了得到果实里的棉絮，人们要攀爬上高高的树干去采摘，所以就有了“攀枝花”的叫法。

考考你

木棉树是我国南方经常见到的行道树，盛开的木棉花给街景增添了别样的美丽。木棉花是广东省广州市的市花，广州因此又有“棉市”之称。

赶着开花的牵牛花

qiān niú huā shì yī nián shēng chán rào cǎo běn zhí wù tā de téng
牵牛花是一年生缠绕草本植物。它的藤
wàn kě yǐ mián yán hěn cháng kāi chū de huā kù sì lǎ ba zhuàng suǒ yǐ
蔓可以绵延很长，开出的花酷似喇叭状，所以
yòu jiào lǎ ba huā qiān niú huā yī bān zài chūn tiān bō zhǒng xià qiū
又叫喇叭花。牵牛花一般在春天播种，夏秋
kāi huā huā de yán sè yīn pǐn zhǒng ér bù tóng yǒu lán fēi hóng
开花。花的颜色因品种而不同，有蓝、绯红、
táo hóng zǐ děng yě yǒu hùn sè de ér qiě huā bàn biān yuán de biàn
桃红、紫等，也有混色的，而且花瓣边缘的变
huà jiào duō shì cháng jiàn de guān shǎng zhí wù
化较多，是常见的观赏植物。

qiān niú huā hái yǒu gè sú míng jiào qín niáng zǐ gù míng sī
牵牛花还有个俗名叫“勤娘子”，顾名思
yì tā shì yī zhǒng hěn qín láo de huā měi dāng gōng jī gāng tí
义，它是一种很“勤劳”的花。每当公鸡刚啼
guò tóu biàn rào lí yíng jià de qiān
过头遍，绕篱萦架的牵
niú huā zhī tóu jiù huì kāi
牛花枝头就会开

出一朵朵花来。为什么要赶在清晨开花呢？原来，牵牛花的花瓣又大又薄，含有丰富的水分，要是被太阳照射，花瓣的水分马上就蒸发掉了，所以牵牛花要赶在阴凉的早晨开花。而一旦阳光变得强烈了，牵牛花的花朵就会很快合上了。

怪问题

牵牛花为什么能爬竿呢？

小小的牵牛花会用茎尖的一小段茎缠在竹竿上，然后不断地旋转着往上爬。随着茎越长越长，牵牛花也就在竹竿上越旋越高了。

考考你

牵牛花还有药用价值呢！它的种子称“牵牛子”，性寒味苦，有逐水消积的功能，对水肿腹胀、大小便不利等病症有特别的疗效。

我是海棠有特点

海棠属蔷薇科，常作为园林、绿化的观赏花木，如贴梗海棠、垂丝海棠、木瓜海棠等都是著名的观赏植物。这都有赖于它们花姿潇洒，花开似锦，被誉为“花中神仙”，并有“花贵妃”、“花尊贵”之美称。

海棠喜欢温暖的环境，一般在秋天开花，花的颜色有红、白和粉红等，花香在隐约之间，不张扬，却有独特的魅力。海棠可以盆栽在室内观赏，也可以成片种植，形成花繁叶茂的地被，有的观花，有的观叶，美不胜收。

shuō dào hǎi táng de yè zi
说到海棠的叶子，
hái hěn yǒu tè diǎn ne yè zi
还很有特点呢！叶子
de biān yuán chéng bō zhuàng fēn bù
的边缘呈波状，分布
zhe xì xì jiān jiān de cì yè
着细细尖尖的刺，叶
bèi hé yè bǐng dài wēi wēi de zǐ
背和叶柄带微微的紫
hóng sè zǐ xì kàn kàn yè zi de xíng zhuàng jiē jìn xīn zàng xíng
红色。仔细看看，叶子的形状接近心脏形，
dàn shì yè piàn liǎng cè yòu shì bù duì chèn de yī biān dà yī biān xiǎo
但是叶片两侧又是不对称的，一边大一边小，
shì wǎng yī biān piān xié de jì zhù zhè ge tè diǎn nǐ jiù néng hěn
是往一边偏斜的。记住这个特点，你就能很
róng yì rèn chū hǎi táng le
容易认出海棠了。

怪问题

海棠的花长什么样？

海棠的花长得很对称，雄花和雌花各有四个花瓣，两大两小，排成十字形。花朵都有保护花芽的同色苞片，但雄花要比雌花大。

考考你

海棠的茎、叶柔软又多汁，而且酸性很强。不信，你就试试。摘一些海棠的茎和叶，捣碎后用石蕊试纸测试，试纸会变红，这说明有很强的酸性哦！

昙花：夜里开花有苦衷

tán huā bié míng qióng huā
昙花别名琼花、
yuè xià měi rén tā de zhǔ
月下美人，它的主
jīng chéng yuán tǒng xíng shēn chū
茎呈圆筒形，伸出
de fēn zhī chéng biǎn píng yè zhuàng
的分枝呈扁平叶状，
biān yuán yǒu bō zhuàng de yuán chǐ
边缘有波状的圆齿。

tán huā de kāi huā jì
昙花的开花季
jié yī bān zài yuè
节一般在6～10月，
kāi huā de shí jiān tōng cháng zài
开花的时间通常在
wǎn shang bā jiǔ diǎn yǐ hòu tán huā kāi fàng
晚上八九点以后。昙花开放
shí huā tǒng màn màn qiào qǐ jiàng zǐ sè de
时，花筒慢慢翘起，绛紫色的
wài yī màn màn dǎ kāi rán hòu yóu duō piàn huā bàn zǔ chéng de
“外衣”慢慢打开，然后由20多片花瓣组成的
jié bái rú xuě de dà huā duǒ jiù wán quán kāi fàng le zài yè sè zhōng fèn
洁白如雪的大花朵就完全开放了，在夜色中分
wài yàn lì dòng rén kě shì xiǎo shí hòu tán huā de huā guān
外艳丽动人。可是3~4小时后，昙花的花冠
jiù bì hé le zhēn kě wèi tán huā yī xiàn
就闭合了，真可谓“昙花一现”！

tán huā wèi shén me huì zài yè jiān kāi huā ne tā men kě shì
昙花为什么会在夜间开花呢？它们可是

yǒu kǔ zhōng de yuán lái tán
有苦衷的。原来，昙
huā de jiā xiāng zài mò xī gē zhì
花的家乡在墨西哥至
bā xī de rè dài shā mò zhōng
巴西的热带沙漠中，
nà lǐ de bái tiān yòu gān yòu
那里的白天又干又
rè dàn dào wǎn shang jiù liáng kuai
热，但到晚上就凉快
duō le wǎn shang kāi huā kě
多了。晚上开花，可
yǐ bì kāi yáng guāng de pù shài suō duǎn kāi huā shí jiān yòu kě yǐ dà
以避开阳光的曝晒；缩短开花时间，又可以大
dà jiǎn shǎo shuǐ fèn de sàn shī zhè yàng tán huā jiù xíng chéng le zài
大减少水分的散失。这样，昙花就形成了在
yè jiān duǎn shí jiān kāi huā de tè xìng
夜间短时间开花的特性。

怪问题

为什么昙花开花时间短促？

开花时，昙花的全部花瓣都张开了，水分很快散失，而根从沙土中吸收的水分有限，不能长时间维持花开所需要的水分，在水分不足的情况下，昙花很快就闭合凋谢了。

考考你

一般人都会错把昙花的茎当成叶子。其实，昙花并没有叶子。人们看到的所谓“叶子”，实际上是它们的叶状变态茎，这种茎还可以代替叶子进行光合作用哦！

“俏”在母亲节的康乃馨

康乃馨原名香石竹，它又被称为“母亲花”。这种端庄大方、芳香清幽的鲜花，随着母亲节的兴起，正日益风靡世界，成为全球销量最大的花卉。母亲节起先是西方人的节日，随着中外文化的交流，渐渐传入中国。

香石竹也因此真正“香”了起来，它在中国还有了另一个好听的名字——康乃馨。

康乃馨是多年生草本植物，花瓣形状不规则，边缘有齿，颜色有红色、粉色、黄色、白色等多种。它们

de huā qī zài yuè zhì yuè
的花期在4月至9月，
xǐ huan zài yīn liáng gān zào yáng
喜欢在阴凉干燥、阳
guāng chōng zú yǔ tōng fēng liáng hǎo
光充足与通风良好
de huán jìng zhōng shēng zhǎng tā
的环境中生长。它
men nài hán xìng hǎo nài rè xìng
们耐寒性好，耐热性
jiào chà zuì jiā de shēng zhǎng wēn dù wéi yī dàn wēn dù
较差，最佳的生长温度为14~21℃。一旦温度
chāo guò huò dī yú shí zhí zhū de shēng zhǎng sù dù jiù
超过27℃或低于14℃时，植株的生长速度就
biàn màn le kāng nǎi xīn huā duǒ jiāo yàn qì wèi fāng xiāng huā qī yòu
变慢了。康乃馨花朵娇艳，气味芳香，花期又
cháng hěn shì hé gè zhǒng chā huā xū qiú
长，很适合各种插花需求。

怪问题

母亲节为什么要送康乃馨？

1934年5月，美国首次发行母亲节邮票，画面上一位母亲凝视着花瓶中插着的康乃馨。就这样，人们把康乃馨与母亲节联系起来，康乃馨自然也就成了母亲节的节花。

考考你

法国人对康乃馨有特殊的理解，他们称之为“小眼睛”，因为他们认为康乃馨是牧羊人的眼睛变的。

会休眠的马蹄莲

mǎ tí lián shǔ duō nián shēng cǎo běn zhí wù yī nián zhōng kě yǐ
马蹄莲属多年生草本植物，一年中可以
duō cì kāi huā mǎ tí lián yè piàn cuì lǜ huā de bāo piàn jié bái
多次开花。马蹄莲叶片翠绿，花的苞片洁白
shuò dà xíng zhuàng qí tè jiù xiàng mǎ tí yī yàng zhè jiù shì tā men
硕大，形状奇特，就像马蹄一样，这就是它们
míng chēng de yóu lái
名称的由来。

guān yú mǎ tí lián yǒu jiāo bù sǐ de mǎ tí lián zhī shuō
关于马蹄莲，有“浇不死的马蹄莲”之说，
zài shēng zhǎng kāi huā qī tā men yào bǔ chōng dà liàng de shuǐ fèn dàn
在生长、开花期，它们要补充大量的水分。但
shì zài kāi huā hòu jiù yào jiǎn shǎo jiāo shuǐ liàng zhè yàng yǒu lì yú mǎ
是在开花后就要减少浇水量，这样有利于马
tí lián xiū mián
蹄莲休眠。

zhí wù yě yǒu xiū mián de xí guàn ma yǒu de ér qiě mǎ
植物也有休眠的习惯吗？有的，而且马
tí lián yī nián zhōng yào xiū mián liǎng cì ne yuán lái mǎ tí lián de
蹄莲一年中要休眠两次呢！原来，马蹄莲的

jiā xiāng zài fēi zhōu nán bù tā men
家乡在非洲南部，它们
cháng cháng shēng zhǎng zài hé liú páng huò zhǎo
常常生长在河流旁或沼
zé dì zhōng xǐ huan wēn nuǎn de qì hòu
泽地中，喜欢温暖的气候，
bù nài hán yě bù nài gāo wēn zuì shì
不耐寒也不耐高温，最适
yí de shēng zhǎng wēn dù zài zuǒ
宜的生长温度在20℃左
yòu xiàn zài mǎ tí lián bèi yí zhí
右。现在，马蹄莲被移植
dào le bié de dì fang wèi le yìng fù hán lěng de dōng tiān hé yán rè
到了别的地方，为了应付寒冷的冬天和炎热
de xià tiān méi bàn fǎ tā men zhǐ néng yǐ xiū mián de fāng shì lái
的夏天，没办法，它们只能以休眠的方式来
dù guò zhè liǎng gè nán ái de shí duàn lou
度过这两个难挨的时段喽！

怪问题

为什么很多鲜艳的花儿都有毒？

花儿有艳丽的颜色是为了吸引昆虫来为它们传播花粉。但是它们又怕被动物吃掉，所以就用毒素来武装自己，以逃过被吃掉的命运。

考考你

马蹄莲“喜长光而不喜强光”，尤其是夏季最忌烈日直射。但是花期光照不足，马蹄莲就会只抽苞而不开花，甚至花苞也会逐渐变绿而干瘪。

仙客来：可爱的花儿开得久

仙客来原产于地中海一带，被爱花人士栽培的历史已经有300多年了。18世纪时，德国成为栽培仙客来的中心，后来这种花风靡了整个欧洲。园艺学家不断地进行品种改良，逐渐将它培育成了世界性的观赏花卉。

仙客来是多年生草本植物，不耐寒也不耐高温，喜欢湿润的土壤环境又怕积水，喜欢阳光但又忌强光直射。仙客来对生长环境的要求还挺苛刻呢！

仙客来的块茎呈扁

球形，叶子呈心形，花朵又长又大，花瓣是长长的椭圆形，向上翻卷，就像竖起来的兔子耳朵，所以仙客来又有一个可爱的名字——“兔子花”。仙客来的花色有白、红、紫红边白心等，有的还带有芳香，花期可以持续半年之久呢！

怪问题

高山上的花朵为什么特别鲜艳？

高山上空气稀薄，阳光特别强烈，很容易伤到娇嫩的花朵。所以，为了增强抵御阳光的能力，高山上的花朵花瓣里含有特别多的色素，看起来就特别鲜艳。

考考你

仙客来被众多爱花者推崇，是受人喜爱的冬春季温室花卉，还被推举为“盆花的女王”。圣马力诺国还把仙客来选为国花。

晚香玉：夜来花香更浓郁

晚香玉也称夜来香、月下香，属于石蒜科多年生草本植物。它们原产于墨西哥及南美，本来是常绿草本，在气温适宜的时候终年生长，四季开花，但以夏季最盛。

引入我国栽培后，因为大部分地区冬季严寒，所以晚香玉一般在春季萌芽生长，夏秋开花，冬季则进入休眠期。

晚香玉特别喜欢温暖湿润、阳光充足、通风良好的环境，最适宜的生长温度在20～30℃。它们的叶子呈披针形，花茎细长，漏斗状的花朵清新可

ài zì xià ér shàng lù xù kāi
爱，自下而上陆续开
fàng hái yǒu zhèn zhèn pū bí de fāng
放，还有阵阵扑鼻的芳
xiāng yóu qí zài yè wǎn xiāng wèi
香，尤其在夜晚，香味
gèng nóng yīn cǐ tā men yǒu le
更浓，因此，它们有了
yè lái xiāng zhè ge bié míng
“夜来香”这个别名。

wǎn xiāng yù de zāi péi pǐn zhǒng yǒu bái huā hé dàn zǐ sè huā liǎng
晚香玉的栽培品种有白花和淡紫色花两
zhǒng bái huā zhǒng duō wéi dān bàn xiāng wèi jiào nóng dàn zǐ sè huā
种：白花种多为单瓣，香味较浓；淡紫色花
zhǒng duō wéi chóng bàn měi gè huā xù zhǎng de huā kě dá duǒ zuǒ yòu
种多为重瓣，每个花序长的花可达40朵左右。

怪问题

晚香玉的花香有什么特殊的功效？

晚香玉在夜晚散发出来的香味特别浓烈，你一定想不到，这香味还有驱除蚊虫的功效。在夏季夜晚纳凉的时候，如果有晚香玉在，说不定它能起到“天然蚊香”的作用呢！

考考你

晚香玉是一种很好的观赏花卉，可用来布置室内、庭院等。它的鲜花还可供食用，清香可口；叶子可入药，性凉味苦，有清热解毒的功效。你瞧，晚香玉不仅好看好闻，而且还很好用呢！

细茎秆托起大百合

bǎi hé yòu míng liù bàn huā juǎn dān děng tā men zhí zhū tǐng
百合，又名六瓣花、卷丹等。它们植株挺
lì yè sì cuì zhú yán jīng lún shēng huā sè jié bái zī tài gāo yǎ
立，叶似翠竹，沿茎轮生，花色洁白，姿态高雅
yōu měi néng sàn fā chū yǐn yǐn yōu xiāng bèi yù wéi yún shang xiān zǐ
优美，能散发出隐隐幽香，被誉为“云裳仙子”。
suǒ yǐ bǎi hé zài huā huì shì chǎng shang hěn shì zǒu qiào ne
所以，百合在花卉市场上很是走俏呢！

bǎi hé de zhǔ yào yuán chǎn dì jiù zài wǒ guó shì wǒ guó chuán tǒng
百合的主要原产地就在我国，是我国传统
de chū kǒu tè chǎn bǎi hé huì jí le guān shǎng shí yòng yào yòng jià
的出口特产。百合汇集了观赏、食用、药用价
zhí yú yī shēn yòng chu kě duō le
值于一身，用处可多了！

bǎi hé de huā guān dà huā tǒng cháng chéng lòu dǒu xíng lǎ ba
百合的花冠大，花筒长，呈漏斗形喇叭
zhuàng yīn wèi jīng gǎn xiāng duì lái shuō bǐ jiào xiān xì ér huā duǒ jiào
状。因为茎秆相对来说比较纤细，而花朵较

大，所以百合开放时常会下垂或平伸。百合的品种不同，颜色也不一样，以黄色、白色、粉红的居多，也有长着紫色或黑色斑点的，还有一朵花上变化多种颜色的，煞是美丽。百合花瓣的形态也多变，有平展的，也有向外翻卷的，因此又有“卷丹”的别名。

怪问题

人们为什么喜欢百合？

原来，百合的种头是由近百块鳞片抱合而成的，被人们视为“百年好合”、“百事合意”的吉兆，寓意吉祥、圣洁。所以，人们都喜欢百合，赞颂百合。

考考你

百合开花后，很多人就把鳞茎扔掉了，其实它们仍然有再生能力。剪除残叶，把鳞茎用沙堆埋藏，经常保湿，来年可以培育成大植株，还能花开二度呢！

芬芳玉兰早争春

yù lán zài zhōng guó yuán lín
玉兰在中国园林
zhōng zāi péi lì shǐ yōu jiǔ yuǎn
中栽培历史悠久，远
zài chūn qiū shí qī jiù yǐ yǒu zhòng zhí
在春秋时期就已有种植，
táng dài zé guǎng wéi zāi péi hái yǒu
唐代则广为栽培。还有
yī xiē pǐn zhǒng shì piāo yáng guò hǎi lái dào
一些品种是漂洋过海来到
zhōng guó luò hù de yáng jiě mèi qí
中国落户的“洋姐妹”，其
zhōng zuì zhù míng de jiù shì yáng yù lán yě
中最著名的就是洋玉兰，也
jiào guǎng yù lán
叫广玉兰。

yù lán huā duǒ shuò dà xiāng wèi
玉兰花朵硕大，香味
fāng yù shì zǎo chūn sè xiāng jù quán de
芳郁，是早春色香俱全的
zhòng yào guān shǎng huā mù yù lán duì
重要观赏花木。玉兰对
wēn dù kě shì hěn mǐn gǎn de nán
温度可是很敏感的，南
běi huā qī kě yǐ xiāng chā gè
北花期可以相差4~5个
yuè zhī jiǔ jí shǐ zài tóng yī
月之久。即使在同一
dì qū měi nián huā qī zǎo
地区，每年花期早

wǎn biàn huà yě hěn dà
晚变化也很大。

zài měi nián wēn nuǎn shī rùn
在每年温暖湿润

de yuè jiān yù lán huā yá
的3月间，玉兰花芽

chū zhàn zuì chū rú xì xiǎo yuè
初绽，最初如细小月

yá zhuàng dài dào zhàn fàng huā
牙状；待到绽放，花

duǒ jiù xiàng yī zhī zhī yù wǎn yáo
朵就像一只只玉碗摇

yè zhī tóu jiǎo jié jīng yíng càn làn duó mù yīn wèi yù lán zhí zhū
曳枝头，皎洁晶莹，灿烂夺目。因为玉兰植株

gāo dà kāi huā wèi zhì jiào gāo huā zhī yíng fēng yáo yè luò huā wǎn
高大，开花位置较高，花枝迎风摇曳，落花宛

ruò tiān nǚ sàn huā měi lì yì cháng
若天女散花，美丽异常！

怪问题

玉兰为什么先开花后长叶？

玉兰的花芽和叶芽是分开的。长在枝顶的花芽生长需要的温度低，就抢先开了；而叶芽则需要较高的温度才能生长，因而长得慢，就被花芽抢在前面了。

考考你

我国的连云港有4株古白玉兰，高约16~17米，粗1~3米，有3株树龄已有800多年，另一株也有200多年，堪称全国之最。

娇嫩郁金香也耐寒

郁金香属百合科，是多年生草本植物，观赏价值很高。每个植株有3~5片叶子，花单生在花茎的顶端，就像一个高脚酒杯，造型独特，色彩鲜艳，给人印象深刻。

经过长期的杂交栽培，目前全世界的郁金香已有8000多个品种，被大量种植的约150种。它们色彩艳丽，变化多端，其中又以红、黄、紫色最受人们欢迎。

郁金香原产于伊朗和土耳其的高山地带，由于地中海气候影响，形成了郁金香适应冬

jì shī lěng xià jì gān rè de tè diǎn yù jīn xiāng zài yǐ shàng
季湿冷、夏季干热的特点。郁金香在8℃以上
jiù kě yǐ zhèng cháng shēng zhǎng zuì dī kě nài de dī wēn
就可以正常生长，最低可耐-30℃的低温。
zài yán hán dì qū rú yǒu hòu xuě fù gài yù jīn xiāng de lín jīng hái
在严寒地区如有厚雪覆盖，郁金香的鳞茎还

kě yǐ zài lù tiān de tǔ rǎng ān
可以在露天的土壤安
rán yuè dōng ne dàn tā men hài
然越冬呢！但它们害
pà kù shǔ rú guǒ xià tiān lái
怕酷暑，如果夏天来
de zǎo lín jīng jiù huì zǎo zǎo
得早，鳞茎就会早早
de jìn rù xiū mián qī hū hū
地进入休眠期，呼呼
dà shuì le
大睡了。

怪问题

郁金香开花有什么要求？

花儿会根据气温变化来选择开花时间哦！郁金香喜欢在白天气温高时开放，而到了夜晚，气温降低，它们就合上花瓣"睡觉"了。

考考你

荷兰是首屈一指的郁金香大国，郁金香被公众评选为荷兰国花。郁金香、风车、奶酪和木鞋成为荷兰的"四大国宝"。

“传情使者”玫瑰

méi gui yòu míng cì méi huā jīn huā
玫瑰又名刺玫花、金花、
pái huái huā děng yīn wèi xíng zhuàng yán sè
徘徊花等，因为形状、颜色、
xiāng wèi jù jiā gù rén men guàn zhī yǐ měi yù zhī míng
香味俱佳，故人们冠之以美玉之名——
méi gui méi gui yīn jīng gǎn duō cì gù yǒu cì méi huā zhī chēng
玫瑰。玫瑰因茎秆多刺，故有“刺玫花”之称。
rén men zǒng shì yǐ méi gui xiàng zhēng ài qíng suǒ yǐ tā shì chuán qíng dá
人们总是以玫瑰象征爱情，所以它是传情达
yì de zuì jiā shǐ zhě
意的“最佳使者”。

méi gui nài hán nài hàn duì tǔ rǎng yāo qiú bù gāo jiù shì zài
玫瑰耐寒耐旱，对土壤要求不高，就是在
wēi jiǎn xìng tǔ rǎng zhōng yě néng shēng zhǎng dàn zài fù hán fǔ zhí zhì
微碱性土壤中也能生长，但在富含腐殖质、
pái shuǐ liáng hǎo de zhōng xìng huò wēi suān xìng tǔ rǎng zhōng shēng zhǎng zuì hǎo
排水良好的中性或微酸性土壤中生长最好。

玫瑰的芬芳来自它们所含的约万分之三的挥发性成分；丰富鲜艳的色彩来自它们所含的各种天然色素。玫瑰是世界上著名的香精原料，人们用它熏茶、制酒和配制各种甜食。玫瑰还对二氧化硫、氟化氢等有毒气体有吸附作用，因此还有环保价值呢！

怪问题

玫瑰花能当药吗？

玫瑰花还是能食用的药物哦！民间常用玫瑰花加糖冲开水服，既香甜可口，又能行气活血；用玫瑰花泡酒喝，能舒筋活血，治关节疼痛。

考考你

保加利亚是世界上最大的玫瑰产地，被称为“玫瑰之邦”。玫瑰是保加利亚的国家象征。保加利亚所生产的玫瑰油质地纯正、香气浓郁，出口量居世界第一位。

假桃花原是真凤仙

凤仙花因为其花头、翅、尾、足都翘起如凤状，又被称为金凤花；因为它们的花朵长得跟桃花很像，还被叫做假桃花。凤仙花是一年生的草本花卉，原产地在中国、印度和马来西亚。

凤仙花的茎秆直立粗壮，植株高1米左右，上部有分枝，有的表面覆盖着一层柔毛。它们的叶子长达10厘米左右，往顶端渐渐变尖，边缘还有锐齿。凤仙花的花形像蝴蝶，很

是特别；花色有粉红、大红、紫、白、黄等，有的品种同一植株上还能开出不同颜色的花朵来呢！凤仙花多数为单瓣，重瓣的又称凤球花。

凤仙花耐热不耐寒，适合生长在疏松肥沃微酸的土壤中。一般4月播种最为适宜，这样6月上、中旬即可开花，花期可维持两个多月。

怪问题

为什么说凤仙花是个“急性子”？

凤仙花可是个“急性子”！用手去碰碰它们成熟的果实，这果实一下子就会气爆肚皮，里面的种子随之弹出老远，脾气够火暴吧！

考考你

凤仙花的种子又叫急性子，茎又叫透骨草，都可以入药，有活血化淤、利尿解毒、通经透骨的功效。

王莲叶子能载人

wáng lián yè piàn jù dà huā xíng qí tè piāo fú zài shuǐ miàn
王莲叶片巨大，花形奇特，漂浮在水面，
shí fēn zhuàng guān wáng lián shì dà xíng shuǐ shēng cǎo běn zhí wù yǒu zhí
十分壮观。王莲是大型水生草本植物，有直
lì cū duǎn de gēn zhuàng jīng xià miàn hái yǒu cū zhuàng fā dá de cè
立、粗短的根状茎，下面还有粗壮、发达的侧
gēn fā yá hòu xiǎo yè fú shēng yú shuǐ miàn xíng zhuàng suí yè piàn de
根。发芽后，小叶浮生于水面，形状随叶片的
dà xiǎo ér biàn huà chéng shú yè piàn chéng yuán xíng píng zhǎn zài shuǐ miàn
大小而变化。成熟叶片呈圆形，平展在水面
shang zhí jìng kě dá mǐ yè yuán xiàng shàng zhé qǐ lí mǐ
上，直径可达2米；叶缘向上折起7~10厘米，
zhěng zhāng yè zi wǎn rú yí gè dà yuán pán jù dà de yè zi xiàng yáng
整张叶子宛如一个大圆盘。巨大的叶子向阳
yī miàn shì dàn lǜ sè de fēi cháng guāng huá bèi yáng yī miàn shì zǐ
一面是淡绿色的，非常光滑；背阳一面是紫
hóng sè de mì bù zhe cū zhuàng de yè mài hé jiān yìng de cì tā
红色的，密布着粗壮的叶脉和坚硬的刺。它
de yè bǐng wéi lǜ sè cháng dá mǐ
的叶柄为绿色，长达2～4米。

wáng lián de yè zi hái fēi cháng
王莲的叶子还非常
hòu shi ne tā kě yǐ wěn wěn de tuō
厚实呢！它可以稳稳地托
zhù yī gè èr sān shí qiān kè zhòng de
住一个二三十千克重的
rén zhè shì yīn wèi qí yè zi nèi bù
人。这是因为其叶子内部
yǒu tè bié fā dá de tōng qì zǔ zhī
有特别发达的通气组织，
lǐ miàn néng gòu chǔ cáng dà liàng de kōng
里面能够储藏大量的空
qì ér yè zi bèi miàn bù mǎn le yóu zhōng xīn xiàng sì zhōu fàng shè de
气，而叶子背面布满了由中心向四周放射的
cū zhuàng yè mài xiàng qiáo liáng yī yàng zhī chēng zhe jù dà de yè miàn
粗壮叶脉，像桥梁一样支撑着巨大的叶面，
shǐ de zhěng piàn yè zi néng gòu qīng sōng de tuō qǐ zhòng wù
使得整片叶子能够轻松地托起重物。

怪问题

王莲开花有什么规律？

王莲开花可是很有规律的：头天晚上开出白色的花朵，到第二天上午闭合；等到傍晚时又再次开放，这时花瓣就变成淡红色，最后变成深红色；第三天闭合沉入水中。

考考你

王莲结实很多，果实呈黑色球形，每个果实中有300多粒种子，这些种子里富含淀粉，被称为“水中玉米”。

迎着太阳的“笑脸”

向日葵俗称葵花、日头花、太阳花。印第安人早在公元前3000年就开始栽培向日葵，供食用、观赏及药用。1510年，它被输入西班牙后逐渐东传至大半个欧洲，1769年再由荷兰北传至俄国。1830～1840年，俄国农民开始将其作为油料作物栽培。现在，向日葵与大豆、花生、油菜一同列为世界四大食用油料作物。

zhí wù dōu yǒu shēng zhǎng sù dàn shēng zhǎng sù tè bié dǎn xiǎo
植物都有生长素，但生长素特别“胆小”
pà guāng yī jiàn yáng guāng xiàng rì kuí jīng bù de shēng zhǎng sù jiù duǒ
怕光。一见阳光，向日葵茎部的生长素就躲
dào le bèi guāng de cè miàn yú shì cè miàn de shēng zhǎng sù jiù yuè
到了背光的侧面。于是，侧面的生长素就越
jù yuè duō tā men cù shǐ xiàng rì kuí bèi guāng de yī miàn zhǎng de tè
聚越多，它们促使向日葵背光的一面长得特
bié kuài ér xiàng yáng de yī miàn míng xiǎn jiù zhǎng de màn le yīn cǐ zhí
别快，而向阳的一面明显就长得慢了，因此植
zhū jiù xiàng yǒu guāng de yī cè wān qū suí zhe tài yáng zài kōng zhōng yí
株就向有光的一侧弯曲。随着太阳在空中移
dòng shēng zhǎng sù yě zài jīng li bù duàn yí dòng suǒ yǐ xiàng rì kuí de
动，生长素也在茎里不断移动，所以向日葵的
dà huā pán jiù huì shǐ zhōng duì zhe tài yáng jiù xiàng shì yī zhāng zhāng càn
大花盘就会始终对着太阳，就像是一张张灿
làn de xiào liǎn
烂的“笑脸”。

怪问题

向日葵的“笑脸”是一朵花吗？

粗看过去，向日葵的大花盘就像是一朵花，而实际上是由几百朵小花组成的。这些簇生的花朵有规律的排列方式被称为花序，而像向日葵这样由许多小花组成的大花盘就叫头状花序。

考考你

向日葵最外面镶嵌着一两圈漂亮的舌状花，中间的花盘挤满了密密麻麻的小管状花，几乎每一朵小管状花都能结出一粒葵花籽呢！

夹竹桃：花美叶绿有妙招

jiā zhú táo de zǔ
夹竹桃的祖
xiān zài yìn dù jí yī lǎng
先在印度及伊朗，
yīn wèi yè piàn xiàng zhú
因为叶片像竹，
huā duǒ rú táo suǒ yǐ jiù yǒu
花朵如桃，所以就有
le zhè ge jiào fǎ jiā zhú táo shì yī
了这个叫法。夹竹桃是一
zhǒng cháng lǜ guàn mù ér tā men bǎo chí
种常绿灌木，而它们保持
cháng lǜ de miào zhāo jiù zài yè zi shang yuán lái
常绿的妙招就在叶子上。原来，
jiā zhú táo de yè miàn pū yǒu yī céng báo báo de
夹竹桃的叶面铺有一层薄薄的
là néng gòu bāng zhù yè zi bǎo shuǐ bǎo wēn shǐ zhí zhū néng gòu dǐ
“蜡”，能够帮助叶子保水保温，使植株能够抵
yù yán hán zhè yàng tā men jiù bù pà hán lěng sì jì cháng lǜ le
御严寒，这样它们就不怕寒冷，四季常绿了。

bù jǐn rú cǐ jiā zhú táo yè
不仅如此，夹竹桃叶
zi de zhǎng shì yě hěn tè bié zhè
子的长势也很特别。这
xiē yè zi sān piàn yī gè xiǎo zǔ huán
些叶子三片一个小组，环
rào zhī tiáo cóng tóng yī gè dì fang xiàng
绕枝条从同一个地方向
wài shēng zhǎng tā men de yè zi shì
外生长。它们的叶子是

cháng cháng de pī zhēn xíng, yè zi shang de zhǔ mài cóng yè bǐng bǐ zhí de yán shēn dào yè jiān, zhòng duō zhī mài zé cóng zhǔ mài shang shēng chū, héng xiàng pái liè de zhěng zhěng qí qí.

长长的披针形，叶子上的主脉从叶柄笔直地延伸到叶尖，众多支脉则从主脉上生出，横向排列得整整齐齐。

jiā zhú táo de huā jí zhōng zhǎng zài zhī tiáo dǐng duān, jù jí zài yī qǐ hǎo sì yī bǎ zhāng kāi de sǎn. lòu dǒu xíng de huā zhǔ yào yǒu hóng sè hé bái sè liǎng zhǒng, hóng sè shì zì rán sè, bái sè shì rén gōng péi yù de xīn pǐn zhǒng.

夹竹桃的花集中长在枝条顶端，聚集在一起好似一把张开的伞。漏斗形的花主要有红色和白色两种，红色是自然色，白色是人工培育的新品种。

怪问题

漂亮的夹竹桃有毒吗？

夹竹桃的全身都含有毒素！它分泌出的乳白色汁液，皮肤碰到后会感觉奇痒，人要是误食会导致中毒，所以千万不要随便攀折夹竹桃。

考考你

夹竹桃有抗烟雾、抗灰尘、抗毒物和净化空气、保护环境的能力，被人们称为“环保卫士”。在南方，农民习惯把夹竹桃种在农田附近充当防风林。

一品红：美丽的“花朵”是叶子

yī pǐn hóng yòu míng shèng dàn huā shì yuán chǎn yú zhōng měi hé mò
一品红又名圣诞花，是原产于中美和墨
xī gē de yī zhǒng guān yè zhí wù tā de huā duǒ hěn xiǎo bìng bù qǐ
西哥的一种观叶植物。它的花朵很小并不起
yǎn xī yǐn rén men yǎn qiú de shì wèi yú zhí zhū dǐng duān kào jìn huā
眼，吸引人们眼球的是位于植株顶端靠近花
duǒ de hóng sè yè piàn yǒu qù de shì zhè xiē yè piàn píng shí shì
朵的红色叶片。有趣的是，这些叶片平时是
lǜ sè de dàn shì rù dōng hòu jiù huì biàn chéng yào yǎn de hóng sè
绿色的，但是入冬后就会变成耀眼的红色，
yàn lì fēi fán yī pǐn hóng de huā qī cóng yuè kě chí xù dào lái
艳丽非凡。一品红的花期从12月可持续到来
nián de yuè yóu yú huā qī zhèng zhí shèng dàn yuán dàn chūn jié qī
年的2月。由于花期正值圣诞、元旦、春节期
jiān hóng yàn yàn de sè cǎi fēi cháng shì hé jié rì de xǐ qìng qì fēn
间，红艳艳的色彩非常适合节日的喜庆气氛。

yī pǐn hóng xǐ huan wēn nuǎn shī rùn yáng
一品红喜欢温暖湿润、阳
guāng chōng zú de huán jìng tā de zuì jiā shēng zhǎng wēn
光充足的环境。它的最佳生长温

度为18～25℃。要是温度过低，基部叶片就会变黄脱落，出现“脱脚”现象。

保持土壤有适宜的水分对一品红的生长可是至关重要！一品红在生长期只要水分供应充足，它的茎叶就能迅速生长。相反，要是水分缺乏或者时干时湿，就会引起叶黄脱落。

怪问题

一品红的叶子藏着什么秘密呢？

一品红最引人注目的就是那火红的“花冠”，不过那可不是一品红的花瓣，而是它们特殊的叶子哦！公开这个秘密，大家可别让这些像极了花朵的叶子给骗喽！

考考你

一品红茎秆里的白色汁液含有一些有毒物质，皮肤接触后会有红肿、发热、奇痒等症状，万一误食，会引起胃肠道反应。提醒大家千万别碰一品红的汁液哦！

“含羞”也是种生存本领

植物与动物不同，没有神经系统，没有肌肉，它们无法感知外界的刺激。然而还是有些植物例外，它们似乎也有“感觉”，含羞草就是其中一种。

含羞草是一种小巧玲珑的花卉，它们的叶子细小，点点对称，就像鸟的羽毛一样。植株上盛开着的淡红色小花，形状就像杨梅。如果用手轻轻碰一下小叶，小叶接受刺激后，很快就会合拢。要是震动力大，这种刺激会传遍全叶，就连总叶柄也会下垂，甚至还会传递到相邻的叶片呢！这种反应被人们理解

wéi hài xiū hán xiū cǎo de míng zi
为“害羞”，含羞草的名字
jiù zhè yàng bèi jiào kāi le
就这样被叫开了。

hán xiū cǎo zhí zhū xiān xì jiāo
含羞草植株纤细娇
ruò zài cháng qī de zì rán xuǎn zé zhōng
弱，在长期的自然选择中，
xíng chéng le hài xiū zhè zhǒng shì yìng
形成了“害羞”这种适应
huán jìng de tè shū běn lǐng rú guǒ yù dào měng liè de tái fēng huò bào
环境的特殊本领。如果遇到猛烈的台风或暴
yǔ hán xiū cǎo jí shí de shōu lǒng yè zi jiù kě yǐ bì miǎn fēng chuī
雨，含羞草及时地收拢叶子，就可以避免风吹
yǔ dǎ néng gèng hǎo de shēng zhǎng
雨打，能更好地生长。

怪问题

含羞草为什么会“害羞”？

含羞草的叶片和叶柄基部都有一个膨大的叶枕，里面的水分使得下部的压力比较大，造成叶片张开、叶柄挺立。当碰触叶片时，叶枕细胞内的水分上移，下部压力消失，叶片就“害羞”合拢了。

考考你

如果你轻轻地碰触含羞草，它们“害羞”的动作慢一些，范围也小一些；要是你动作迅速，含羞草就会很快收拢所有的叶片而下垂。不信，你就试一试！

小小"伞兵"满天飞

pú gōng yīng yòu chēng huáng huā dì dīng shì yà rè dài cháng jiàn de
蒲公英又称黄花地丁，是亚热带常见的
yī zhǒng duō nián shēng cǎo běn zhí wù pú gōng yīng yuán chǎn yú ōu yà dà
一种多年生草本植物。蒲公英原产于欧亚大
lù hòu rén gōng yǐn jìn dào měi zhōu hé ào dà lì yà zhè dōu shì
陆，后人工引进到美洲和澳大利亚。这都是
yīn wèi tā men yòng chu pō duō pú gōng yīng kě yǐ zuò shí wù huò cǎo
因为它们用处颇多。蒲公英可以做食物或草
yào zǎo chūn de nèn pú gōng yīng hái shi yī zhǒng chuán tǒng de yě cài
药，早春的嫩蒲公英还是一种传统的野菜。

pú gōng yīng suī rán méi yǒu jiāo yàn de huā duǒ yě méi yǒu fēn
蒲公英虽然没有娇艳的花朵，也没有芬
fāng de xiāng wèi dàn tā men sàn fā zhe wán qiáng de shēng mìng lì zài tián
芳的香味，但它们散发着顽强的生命力，在田
jiān gōu gǔ shān pō cǎo dì lù páng hé àn shā dì děng dì chù
间、沟谷、山坡、草地、路旁、河岸沙地等地处
chù kāi fàng
处开放。

měi dāng chū chūn lái lín
每当初春来临，
pú gōng yīng jiù chōu chū huā jīng
蒲公英就抽出花茎。
huā jīng shì kōng xīn de zhé duàn
花茎是空心的，折断
zhī hòu huì yǒu bái sè de rǔ
之后会有白色的乳
zhī jiē zhe duǒ duǒ huáng sè
汁。接着，朵朵黄色
de xiǎo huā zhàn fàng zài bì lǜ cóng zhōng huā kāi guò hòu zhǒng zi shang de
的小花绽放在碧绿丛中。花开过后，种子上的
bái sè guān máo jié chéng yī gè gè róng qiú suí fēng yáo yè yī zhèn
白色冠毛结成一个个绒球，随风摇曳。一阵
fēng chuī lái róng máo dài zhe zhǒng zi fēi qǐ lái xiàng yī gè gè xiǎo xiǎo
风吹来，绒毛带着种子飞起来，像一个个小小
de sǎn bīng suí fēng piāo dào xīn de dì fang ān jiā luò hù
的“伞兵”，随风飘到新的地方安家落户。

怪问题

种子为什么要乘风旅行？

成熟的种子在适宜的土壤环境中才能生根发芽。一些植物的种子很轻，它们就借助风的力量到处旅行，直到找到合适的落脚点。

考考你

蒲公英的嫩叶可以食用，还可以养蚕宝宝呢！在我国北方地区，在桑树还没长出叶子之前，人们就用蒲公英的叶子来喂蚕。

仙人掌：长相怪异为抗旱

仙人掌是一种生命力顽强的奇特的热带植物。它们有的是长满疣点的手掌状，有的是有棱有角的圆球形，有的是毛茸茸的圆柱形，形状各异，却都有一身抗旱的过硬本领。

为了适应沙漠中干燥酷热的恶劣气候，仙人掌的构造不断演化。它们的根系庞大，分枝很多，能吸收大量的水分。它们的肉质茎能制造养分，还有特化的储水细胞，而且茎的表面有一层厚厚的蜡质层或密集的茸毛保

hù jiǎn shǎo shuǐ fèn zhēng fā
护，减少水分蒸发。

xiān rén zhǎng yě yǒu zhī
仙人掌也有枝

tiáo hé yè zi xiān rén zhǎng
条和叶子。仙人掌

shang tū qǐ de léng jiù shì
上凸起的棱，就是

zhī tiáo ér xiān rén zhǎng quán
枝条；而仙人掌全

shēn zhǎng mǎn de qí guài de xì cì jiù shì yǐ jīng tuì huà biàn xíng de
身长满的奇怪的细刺，就是已经退化变形的

yè zi yīn wèi shā mò dì qū rì zhào qiáng liè jiǎn shǎo zhī tiáo hé
叶子。因为沙漠地区日照强烈，减少枝条和

yè zi de biǎo miàn jī jiù néng jiǎn shǎo shuǐ fèn zhēng fā xiān rén zhǎng cái
叶子的表面积，就能减少水分蒸发，仙人掌才

néng zài shā mò li shēng cún xià lái
能在沙漠里生存下来。

怪问题

光照强度对仙人掌生长有影响吗？

光照强度影响着仙人掌的生长。光照强烈，仙人掌的茎会被晒成赤褐色，表面的刺会长得又粗又多；要是光照较弱，仙人掌的刺就会长得细小。

考考你

墨西哥有种仙人掌会裂开紫红色的果实引诱动物，当地一种长鼻蝙蝠会来品尝果实。这样，仙人掌的种子就随着蝙蝠的排泄物四处安家，不断繁殖下去。

浮萍也有根

nǐ jiàn guò fú píng ma zài wǒ guó nán fāng de chí táng huò dào
你见过浮萍吗？在我国南方的池塘或稻
tián de shuǐ miàn shang shí cháng mì mì de pū zhe yī céng yuán yuán de xiǎo
田的水面上，时常密密地铺着一层圆圆的小
yè zi zhè jiù shì fú píng fú píng de zhěng gè zhí wù tǐ wéi yè
叶子，这就是浮萍。浮萍的整个植物体为叶
zhuàng yī bān piàn lián zài yī qǐ chéng bù duì chèn de dào luǎn xíng
状，一般2~4片连在一起，呈不对称的倒卵形
huò cháng tuǒ yuán xíng měi piàn cháng háo mǐ kuān háo mǐ
或长椭圆形，每片长2～5毫米，宽2～3毫米。
fú píng shì cí xióng tóng zhū de zhí wù yī zhū fú píng yǒu liǎng duǒ xióng
浮萍是雌雄同株的植物，一株浮萍有两朵雄
huā hé yī duǒ cí huā zài fó yàn bāo li shòu jīng jiē guǒ
花和一朵雌花，在佛焰苞里受精结果。

yīn wèi fú píng zǒng shì fú zài shuǐ miàn shang suǒ yǐ huì ràng rén
因为浮萍总是浮在水面上，所以会让人
jué de tā men shì wú gēn de shì shí shang fú píng yě yǒu gēn zhǐ
觉得它们是无根的。事实上，浮萍也有根，只

是它们的根并不是固定在水底的泥里。

只要把浮萍放到清水杯里，你就会发现有纤细的根浮在水中。体形较小的浮萍至少有一条近乎透明的根，藏在叶片的下面。它的同类紫萍相对来说体形较大，有七八条根。

怪问题

你知道世界上最小的有花植物吗？

世界上最小的有花植物是微萍，与浮萍同属一科，但只有浮萍四分之一大小。它们没有根和叶，只有扁平的茎，每个个体长1毫米，宽不到1毫米，要在显微镜下才能看清楚。

考考你

水生植物的根会呼吸，而且它们的茎也能呼吸，茎里的叶绿素还能进行光合作用，制造养分。这样，水生植物在水里也能正常生长，不会腐烂。

吃虫的捕蝇草

吃虫的捕蝇草生长在北美洲，是多年生草本植物。冬天，捕蝇草进入休眠状态，这时，大部分的叶子枯萎，一副蔫了的样子，但它们的地下茎仍然是白白的。到了春天，受到阳光的召唤与温度的刺激，捕蝇草开始长出叶子和花茎。每枝花茎约有 5~10 个花苞，能开出白色的花朵。

捕蝇草的叶片构造十分奇特，就像一个能随意开合的贝壳状夹子，每瓣叶片的边缘长满了刚毛。这便是捕蝇草的武器——捕

chóng jiā píng shí bèi ké
虫夹。平时，“贝壳”
zǒng shì xiàng liǎng biān zhāng kāi
总是向两边张开，
yī dàn xiǎo chóng shàng le gōu
一旦小虫上了钩，
chù dòng le gāng máo nà liǎng bàn
触动了刚毛，那两瓣
yè piàn jiù zài jí duǎn de shí
叶片就在极短的时
jiān li bì hé liǎng biān gāng máo yǎo hé zài yī qǐ liè wù jiù wú lù
间里闭合，两边刚毛咬合在一起，猎物就无路
kě táo le jǐn jiē zhe bǔ yíng cǎo jiù fēn mì chū xiāo huà yè jiāng
可逃了。紧接着，捕蝇草就分泌出消化液，将
liè wù màn màn de xiāo huà diào cǐ hòu bǔ chóng jiā de yè piàn huì
猎物慢慢地消化掉。此后，捕虫夹的叶片会
zài cì zhāng kāi děng dài xià yī gè liè wù
再次张开，等待下一个猎物。

怪问题

捕蝇草为什么被称为“捕虫高手”？

捕蝇草可是“捕虫高手”，它们能区别生物和非生物呢！如果你用一支铅笔触动它们的刚毛，捕蝇草能分辨出这不是小动物，因而就没有任何反应。

考考你

捕蝇草的叶片能发出一种特殊的气味，把昆虫引诱过来，捕虫夹的两瓣叶片可以在20~40秒内完全闭合。一对叶片在捕食3次后就会脱落。

猪笼草：长个“猪笼”来捕虫

zhū lóng cǎo shì wàn shēng zhí
猪笼草是蔓生植
wù zhǔ yào fēn bù zài ào dà lì
物，主要分布在澳大利
yà děng dì shì yǒu míng de rè dài
亚等地，是有名的热带
shí chóng zhí wù zhū lóng cǎo yī bān
食虫植物。猪笼草一般
gāo mǐ tā men de yè piàn gòu zào shí fēn
高1~3米，它们的叶片构造十分
qí tè yóu sān bù fen zǔ chéng jī bù biǎn píng
奇特，由三部分组成：基部扁平，
zhōng bù hěn xì zhōng mài yán shēn chū xiàng yī tiáo
中部很细，中脉延伸出像一条
hóng sè sù liào shéng yī yàng de juǎn xū zhè jiù
红色塑料绳一样的卷须，这就
shì zhū lóng cǎo de pān yuán qì guān jiè zhù tā kě
是猪笼草的攀缘器官，借助它可
yǐ chán rào zài qí tā wù tǐ shang huò pān fù zài
以缠绕在其他物体上或攀附在
yán shí shang ér zhè tiáo juǎn xū de mò duān péng
岩石上。而这条卷须的末端膨
dà chéng wéi yī gè bǔ chóng náng yīn wèi bǔ
大成为一个捕虫囊。因为捕
chóng náng de xíng zhuàng hěn xiàng zhū lóng suǒ yǐ
虫囊的形状很像猪笼，所以
jiù yǒu le zhū lóng cǎo zhè ge míng zi
就有了“猪笼草”这个名字。

捕虫囊一只只地悬挂在植株上，它们色彩鲜艳，表面还镶着紫色的斑点，真是一个个美丽的“陷阱”。一旦有虫子掉到“陷阱”里，捕虫囊上面的囊盖立即合上，密布在囊内壁上的消化腺马上分泌消化液，将那些掉进“陷阱”里的猎物消化吸收了。

怪问题

猪笼草是怎样引诱猎物上钩的？

猪笼草的囊口会散发出阵阵香甜的气味，一些昆虫闻香而至，它们一个劲儿地往捕虫囊里钻，一不小心就顺着滑溜溜的蜡质内壁掉进了捕虫囊里。

考考你

并不是所有的猪笼草都能长“猪笼”，只有生长在潮湿向阳的地方才可以。而且捕虫囊的形状也不一样，大多数像猪笼，也有的像小酒杯、小竹筒或小罐子。

植物界的“寄生虫”

菟丝子别名豆寄生、无根草、黄丝等，它们喜欢在阳光充足的开阔环境中生长。菟丝子的叶子退化成细小的卵形或没有。它们在夏秋季开出白色的小花，秋天结出扁球形的带壳果实。菟丝子多寄生在豆科、菊科等植物上，对胡麻、苘麻、马铃薯等也有危害。

在植物王国里，菟丝子的名声实在是不太好！人们把它们比喻成植物界的“寄生

虫”。菟丝子丝状的茎上有很多小吸盘，从幼苗钻出地面，它们就开始寻找合适的寄主。一旦遇上合适的寄主，菟丝子一点儿也不客气，立马就缠绕到这些植物的茎干上，小吸盘也随之深入到寄主的茎干里，吸取里面的养分。从此，菟丝子便开始不劳而获的生活，而寄主就此遭殃了。

怪问题

菟丝子可以当药吗？

菟丝子在中药界可是大大有名的，它们细小的种子可以入药，不仅能治疗各种疮痛、肿毒，而且能补肝益肾、明目等，效用真是不胜枚举。

考考你

植物都要进行光合作用才能获得生长的养料，一部分菌类也可以进行光合作用，即便是像菟丝子这样的寄生植物，也要进行光合作用。

卷柏：为了找水去“旅行”

卷柏俗称“九死还魂草”，是一种多年生草本蕨类植物。它们生长在人迹罕至的荒山野岭或悬崖峭壁的岩石缝中，高约5~15厘米，短小的茎上轮状排列着浅绿色扁平的分枝。密生在枝上的叶子很小，模样和柏树的鳞片状叶子差不多。旱季时，卷柏的分枝就会卷起来，蜷缩成拳头的形状，整个植株也变得干枯，就像死了一样。但是只要一有水分，这些蜷缩的小枝就会很快“复活”，

chóng xīn shēn zhǎn kāi lái
重新伸展开来。

wèi le shēng cún shēng zhǎng
为了生存，生长

zài nán měi zhōu de juǎn bǎi hái huì
在南美洲的卷柏还会

lǚ xíng ne měi dào hàn jì
“旅行”呢！每到旱季，

juǎn bǎi de gēn jiù huì zì dòng zhé
卷柏的根就会自动折

duàn shèng xià de bù fen juǎn chéng yī gè yuán qiú suí fēng gǔn dòng
断，剩下的部分卷成一个“圆球”，随风滚动，

sì chù liú làng yù dào shuǐ fèn chōng zú de dì fang tā men jiù tíng
四处流浪。遇到水分充足的地方，它们就停

xià lái chóng xīn shēng zhǎng yī dàn quē shuǐ le juǎn bǎi huì zài cì kāi
下来重新生长。一旦缺水了，卷柏会再次开

shǐ xīn de lǚ xíng
始新的“旅行”。

怪问题

没有种子的卷柏怎样“传宗接代”？

卷柏叶片的背面有一些黄褐色的小突起，小突起里面有许多极小的孢子。孢子成熟以后，小突起就会裂开，里面的孢子随风飘荡，遇到合适的环境就生根发芽了。

考考你

卷柏可是一种贵重的药材呢！它们全株都可以入药，具有止血的功效，可以用来治疗各种跌打损伤和刀伤。

不起眼的地衣不寻常

地衣的与众不同在于它是由一种真菌和一种藻类组成的复合有机体。在地衣体中，菌丝缠绕着藻细胞，并从外面包围藻类。藻类进行光合作用制造的有机物，大部分被菌类所夺取。藻类和外界环境隔绝，不能从外界吸取水分、无机盐和二氧化碳，只好靠菌类供给。因此，它们是一种特殊互利的共生关系，菌类控制藻类，并决定了地衣体的形态。

大部分地衣是喜光性植物，需要呼吸新

鲜空气。它们生长缓慢，数年内才会长几厘米。地衣能忍受长期干旱。干旱时，它们干脆休眠，雨后又恢复生长。因此，在峭壁、岩石、树皮上或沙漠地里，都有地衣的踪迹。而且地衣的耐寒性也很强，在高山带、冻土带和南、北极照样生长繁殖。不起眼的地衣的确拥有不寻常的生命力呢！

怪问题

地衣的模样长得一样吗？

长在不同地方的地衣有着不同的模样，有的像岩石上的一件花衣服，有的像悬垂下来的树枝，有的又像盛开的梅花，被人们称为“梅衣”。

考考你

地衣除对自然环境有重要影响外，还可以作为空气污染的指示植物。因为它们对空气污染特别敏感，在空气遭受污染的地区很难找到地衣。

苹果："记忆之果"营养好

苹果这种家喻户晓的水果在我国栽种已有3000多年的历史了。全世界苹果约有35个品种，原产于我国的有22种，其中金帅、国光、红玉等都是我国著名的苹果品种。

苹果的营养成分十分丰富。儿童经常吃些苹果，可以促进大脑发育，增强记忆力。为什么呢？原来，苹果含有大脑所需的营养成分，还含有益于儿童生长发育的纤维素和能增强儿童记忆力的锌，所以苹果有“记

忆之果”之称。

苹果是低热量食物。果实里的苹果酸可以使人体内的脂肪分解，防止体态过胖。而且苹果中的营养成分可溶性大，易被吸收，还能让皮肤变得润滑柔嫩呢！苹果又被称为“明目果”，因为它们含有对视力有关键作用的维生素A和微量元素硒。吃苹果还真是好处多多呢！

怪问题

苹果为什么不能年年丰收？

果树都有大小年，大年里果实结得多，养料都被果实吸收，枝条就得不到足够的营养，产生的花芽就少，因而来年的果实也就少了。相反，小年里花芽多，来年结果自然就多了。

考考你

多数植物的果实是由子房发育成的，这叫做真果。而苹果的果实则是由子房和花托发育成的假果。其中子房发育成果心，花托发育成果肉，胚发育成种子。

香蕉：穿了绿衣换黄衣

香蕉是热带水果中的“平民”，价格便宜又香甜可口，是百姓水果盘中的“常客”。

香蕉果实富含碳水化合物，营养丰富，其中含有相当多的钾和镁。钾能防止血压上升及肌肉痉挛，而镁则具有消除疲劳的效果。香蕉还对消化、吸收有帮助，因此从小孩子到老年人，都能安心地食用，并得到均衡的营养补给。

细心的你也许会发现，青青的香蕉放一段时间后就会换身“衣裳”。为什么香蕉的“外

衣”会变色呢？原来，香蕉的表皮细胞中含有叶绿素与叶黄素。在香蕉没成熟时，叶绿素掩盖住了叶黄素的黄色，所以香蕉看上去是绿色的。在放置过程中，香蕉自身分泌的酵素与叶绿素发生反应，叶绿素被破坏，这样，绿色消失，香蕉就换上了黄色的“新衣”。

怪问题

香蕉有种子吗？

香蕉本来是有种子的，只是在种植改良过程中退化了。如果仔细看，你就会发现香蕉果肉里的一排排褐色的小点，那就是退化了的种子。

考考你

香蕉挨了冻，或者皮被碰伤、碰破时，常常会出现黑色的斑点。这是因为香蕉表皮细胞中的一种氧化酵素流出来，与空气中的氧气反应，产生了一种黑色物质。

梨：从果到树都是宝

lí shù shì wǒ guó zāi péi zuì wéi pǔ biàn
梨树是我国栽培最为普遍
de yī zhǒng guǒ shù bù lùn shān dì qiū líng
的一种果树，不论山地、丘陵、
shā huāng wā dì yán jiǎn dì hé hóng rǎng tā dōu néng shēng zhǎng jiē
沙荒、洼地、盐碱地和红壤，它都能生长结
guǒ lí shù duì tǔ rǎng de shì yìng néng lì zhēn shi qiáng
果。梨树对土壤的适应能力真是强。

lí shù shòu mìng cháng jīng jì lì yòng nián xiàn jiǔ wǒ guó nán
梨树寿命长，经济利用年限久。我国南
běi gè dì lí qū zhōng shēng zhǎng bǎi nián yǐ shàng de lí shù hěn duō ér
北各地梨区中生长百年以上的梨树很多，而
qiě zhī yè fán mào jiē guǒ léi léi yǒu de yī kē lí shù de chǎn
且枝叶繁茂，结果累累。有的一棵梨树的产
liàng jiù kě dá dūn yǐ shàng ne
量就可达1吨以上呢！

yīn wèi zāi péi lì shǐ yōu jiǔ chǎn liàng gāo jiā shàng yíng yǎng
因为栽培历史悠久，产量高，加上营养
fēng fù suǒ yǐ lí bèi rén men chēng wéi bǎi guǒ zhī zǔ lí de
丰富，所以梨被人们称为“百果之祖”。梨的

果实肉脆多汁，酸甜可口，气味芳香，富含糖类、蛋白质、脂肪、碳水化合物及多种维生素，对人体健康有重要作用。要是新鲜的梨吃不完，还可以加工制作梨干、梨脯、梨膏、梨汁、梨罐头等，也可以用来酿酒、制醋。梨木细致，软硬适度，是雕刻印章和制作高级家具的原料。

怪问题

梨为什么被称为“秦地王子”？

梨树在我国至少有3000年的栽培历史。公元2世纪的时候，梨从我国传入印度、波斯等国，当地人就把梨形象地称为“秦地王子”。

考考你

梨有很好的药用价值，有生津润燥、清热化痰的功效。梨还能很好地清洁牙齿，有“水果牙刷”之称。

果儿串串是荔枝

yuán qiú xíng de guǒ zi xiàng pú táo yī yàng yī chuàn yī chuàn guà zài
圆球形的果子像葡萄一样一串一串挂在
shù shang zhí jìng dà yuē sān sì lí mǐ wài bian shì báo báo de hóng sè
树上，直径大约三四厘米，外边是薄薄的红色
yìng ké lǐ miàn bāo zhe bái nèn tòu míng de guǒ ròu zhōng xīn shì shēn zōng
硬壳，里面包着白嫩透明的果肉，中心是深棕
sè de hé nǐ yī dìng cāi chū lái le ba zhè jiù shì lì zhī
色的核。你一定猜出来了吧，这就是荔枝。

lì zhī yǒu zhe guǒ zhōng huáng hòu de měi chēng zhōng guó shì
荔枝有着“果中皇后”的美称。中国是
lì zhī de gù xiāng zǎo zài duō nián qián biàn yǒu zāi péi lì zhī
荔枝的故乡，早在2000多年前，便有栽培荔枝
de jì zǎi xiàn zài hǎi nán dǎo shang hái yǒu yě shēng de lì zhī lín ne
的记载。现在海南岛上还有野生的荔枝林呢！
wǒ guó lì zhī de pǐn zhǒng yǒu duō gè qí zhōng shǔ guì wèi hé nuò
我国荔枝的品种有100多个，其中属桂味和糯

mǐ cí pǐn zhì shàng chéng guà lǜ gèng shì zhēn
米糍品质上乘，挂绿更是珍
guì nán qiú de pǐn zhǒng
贵难求的品种。

lì zhī shù shì yī zhǒng sì jì cháng qīng
荔枝树是一种四季常青
de qiáo mù shēng zhǎng huǎn màn shù guān jiào
的乔木，生长缓慢，树冠较
dà yī bān yuè shàng xún kāi huā jiē guǒ dào yuè chéng shú shàng shì
大，一般4月上旬开花结果，到6月成熟上市。
yī kē xiǎo shù cóng shēng zhǎng dào kāi huā jiē guǒ dà yuē yào huā shàng
一棵小树从生长到开花结果大约要花上10
nián shí jiān shèng guǒ qī yuē nián ér lì zhī shù líng kě dá qiān nián
年时间，盛果期约30年，而荔枝树龄可达千年
ne fú jiàn pú tián xiàn yǒu zhū sòng xiāng gǔ lì yǐ shì
呢！福建莆田县有株“宋香”古荔，已是1300
duō suì de gāo líng le
多岁的高龄了。

怪问题

荔枝有怎样的营养价值?

荔枝果实营养丰富，具有一定的药效和滋补作用。它富含维生素A、维生素C、蛋白质、铁、磷等多种营养成分，具有补肾、改善肝功能等疗效，还是排毒养颜的理想水果。

考考你

荔枝虽然是好东西，但一次不能吃多，否则会导致上火，引起体内糖代谢紊乱，造成突发性的低血糖，俗称“荔枝病”。

小葡萄，大价值

葡萄在世界水果产量中几乎占了四分之一，是受人们喜爱的第二大果品，而其产量及栽培面积更是一直居于世界首位。葡萄果实除了供新鲜食用外，主要用于酿酒，另外还可以制成葡萄汁、葡萄干和罐头等食品。

个儿不大的葡萄中葡萄糖的含量高达10%~30%，果实中的多量果酸对消化有很大的帮助。不仅如此，葡萄中含有矿物质钙、钾、磷、铁以及多种维生素，还含有多种人体所

xū de ān jī suān cháng
需的氨基酸。常
chī pú táo duì shén jīng shuāi
吃葡萄对神经衰
ruò pí láo guò dù kě
弱、疲劳过度可
shì dà yǒu hǎo chu
是大有好处！
chú le yíng yǎng jià
除了营养价
zhí gāo yǐ wài pú táo hái yǒu jí gāo de guān shǎng xìng rén men huò
值高以外，葡萄还有极高的观赏性。人们或
jiāng qí zhì zuò chéng gè zhǒng pén jǐng fàng zài shì nèi huò zài jū shì qián
将其制作成各种盆景放在室内，或在居室前
hòu zāi zhòng téng wàn chán rào líng lóng tī tòu fāng xiāng
后栽种，藤蔓缠绕，玲珑剔透，芳香
sì yì shì měi huà huán jìng de jiǎo jiǎo zhě
四溢，是美化环境的佼佼者。

怪问题

你知道葡萄皮上的秘密吗？

葡萄皮上常有白色的粉末，如果是呈斑点状，就表示留有农药，一定要洗干净才吃哦！要是上面有蜡状物，这是葡萄分泌的一种保护自己的果实不受侵犯的物质。

考考你

一串葡萄中，上面的最甜，往下甜度就递减。要想知道葡萄是否熟了，只需要从一串葡萄的最下端摘一颗尝尝，如果很甜，那么整串葡萄就都熟了。

清香阳桃还长棱

yáng táo yòu míng yáng táo wǔ liǎn zǐ tā de guǒ
阳桃，又名杨桃、五敛子。它的果
shí shang yǒu wǔ tiáo léng xiàn xíng zhuàng tè bié yīn wèi héng
实上有五条棱线，形状特别。因为横
qiē miàn rú wǔ jiǎo xīng gù guó wài yòu chēng zhī wéi xīng lí
切面如五角星，故国外又称之为“星梨”。

yáng táo wèi chéng shú shí chéng lǜ sè huò dàn lǜ sè chéng shú shí
阳桃未成熟时呈绿色或淡绿色，成熟时
biàn wéi huáng lǜ sè zhì xiān huáng sè tā de guǒ pí chéng là zhì guāng huá
变为黄绿色至鲜黄色。它的果皮呈蜡质，光滑
xiān yàn guǒ shí shuǎng tián duō zhī yīn wèi hán yǒu dà liàng de huī fā xìng
鲜艳，果实爽甜多汁，因为含有大量的挥发性
chéng fèn suǒ yǐ dài yǒu yī gǔ qīng xiāng chá yú jiǔ hòu chī jǐ piàn
成分，所以带有一股清香。茶余酒后吃几片
yáng táo huì gǎn dào kǒu shuǎng shén yí bié yǒu yī fān fēng wèi
阳桃，会感到口爽神怡，别有一番风味。

yáng táo shì yī zhǒng shuǐ fèn hěn duō de shuǐ guǒ nèi hán zhè táng
阳桃是一种水分很多的水果，内含蔗糖、

果糖、葡萄糖、苹果酸、草酸、柠檬酸、钙、钾、镁、微量脂肪、蛋白质等多种营养成分，对人体有助消化、保健功能。

阳桃可分为酸阳桃和甜阳桃两大类。酸阳桃果实大而酸，大多用作烹调配料或加工蜜饯；甜阳桃清甜无渣，味道特别可口。

怪问题

吃阳桃有什么诀窍？

把阳桃清洗干净，用刀削掉薄薄的五条棱，千万不要削得太厚。接着将它切成薄薄的五角星片，然后就可以开吃了。

考考你

人们在吃阳桃时会有一些独特的方法。比如，海南人吃阳桃习惯蘸上少许的盐和辣椒，这样吃起来别有一番风味，会越吃越上瘾呢！

猴子的美食本珍贵

mí hóu táo shì yī zhǒng zhǎng xiàng tè bié de shuǐ guǒ máo róng róng
猕猴桃是一种长相特别的水果，毛茸茸
de wài yī xià bāo guǒ zhe lǜ sè huò huáng sè de guǒ ròu zhōng jiān
的“外衣”下包裹着绿色或黄色的果肉，中间
mì mì de pái liè zhe yī quān xiǎo hēi zǐ yě jiù shì mí hóu táo de
密密地排列着一圈小黑籽，也就是猕猴桃的
zhǒng zi tā de guǒ shí xì nèn duō zhī qīng xiāng suān tián kǒu wèi
种子。它的果实细嫩多汁，清香酸甜，口味
dú tè sè xiāng wèi jù jiā jù jiǎn cè mí hóu táo de wéi shēng sù
独特，色、香、味俱佳。据检测，猕猴桃的维生素C
hán liàng bǐ gān jú píng guǒ děng shuǐ guǒ gāo jǐ bèi shèn zhì jǐ shí bèi
含量比柑橘、苹果等水果高几倍甚至几十倍，
tóng shí hái hán yǒu dà liàng de táng lèi dàn bái zhì ān jī suān děng duō
同时还含有大量的糖类、蛋白质、氨基酸等多
zhǒng yǒu jī chéng fèn hé rén tǐ bì xū de duō zhǒng kuàng wù zhì shì yíng
种有机成分和人体必需的多种矿物质，是营
yǎng chéng fèn zuì fēng fù zuì quán miàn de shuǐ guǒ ne
养成分最丰富、最全面的水果呢！

mí hóu táo shì qǐ yuán yú wǒ guó de yě shēng téng běn zhí wù de
猕猴桃是起源于我国的野生藤本植物的

植物会说话

guǒ shí jiù shì zhè zhǒng zhēn guì
果实。就是这种珍贵
de guǒ shí jìng rán chén shuì le jǐ
的果实，竟然沉睡了几
qiān nián tā men de zāi péi lì shǐ
千年，它们的栽培历史
yuán yú nián qián de shǎn xī
源于1200年前的陕西。
shì jì chū xīn xī lán
20世纪初，新西兰
děng guó cóng wǒ guó yǐn zhòng mí hóu táo shù kāi shǐ shí zuò wéi yī zhǒng tíng
等国从我国引种猕猴桃树，开始时作为一种庭
yuán guān shǎng zhí wù hòu lái dāng dì rén fā xiàn mí hóu táo jīng jì
园观赏植物，后来，当地人发现猕猴桃经济
jià zhí hěn gāo biàn jìng xiāng péi yù rú jīn xīn xī lán de chǎn pǐn
价值很高，便竞相培育。如今新西兰的产品
lǒng duàn le guó jì shì chǎng
垄断了国际市场。

怪问题

猕猴桃的名称是怎么来的？

这种水果因为果实的形状像桃，加上山中猕猴爱吃，所以就有了“猕猴桃”这个名字。其实，猕猴桃被人们真正了解也不过千余年的历史，长期以来一直是猴子的美食哩！

考考你

猕猴桃内有一种酶，可以将肉类变嫩，是一种很好的肉处理调料。炒肉时可以加点猕猴桃汁，煮肉时可放几片猕猴桃鲜果，天然又美味。

石榴：花美果好招人爱

石榴原产于伊朗、阿富汗等国家，公元前2世纪传入我国。石榴在我国深受人们喜爱，因为其花果美丽，栽培容易，还被列为农历五月的“月花”，五月也就成了“榴月”。

石榴是落叶灌木或小乔木，在热带为常绿树。石榴花开于初夏，绿叶中燃起一片火红，很是绚烂。赏过了花，再过三四个月，累累果实就挂满了枝头。与众不同的是，石榴每年会开3次花，结3次果，其中以头花果或二花果

fā yù jiào hǎo chéng shú de shí liu
发育较好。成熟的石榴
pí sè xiān hóng zǐ lì jīng yíng rú bǎo
皮色鲜红，子粒晶莹如宝
shí yī bān suān tián duō zhī huí wèi
石一般，酸甜多汁，回味
wú qióng
无穷。

shí liu guǒ shí bù jǐn hǎo chī
石榴果实不仅好吃，
hái hán yǒu duō zhǒng rén tǐ suǒ xū de yíng yǎng chéng fèn rú wéi shēng sù
还含有多种人体所需的营养成分，如维生素C、
zú wéi shēng sù yǒu jī suān táng lèi dàn bái zhì jí lín jiǎ děng
B族维生素、有机酸、糖类、蛋白质及磷、钾等
kuàng wù zhì yǒu zhù xiāo huà ruǎn huà xuè guǎn jiàng dī dǎn gù chún děng duō
矿物质，有助消化、软化血管、降低胆固醇等多
zhǒng yào yòng gōng néng
种药用功能。

怪问题

石榴全身都有哪些“宝”？

石榴可谓全身是宝，果皮、根、花都可以入药。果皮能有效地治疗腹泻、痢疾等症，还有驱虫功效；石榴花有止血功能，用它泡水洗眼，还有明目的效果。

考考你

石榴花是西班牙的国花，西班牙人对石榴可是格外青睐。在西班牙50万平方千米的土地上，到处都能见到石榴树。

夏季果王数西瓜

wǒ guó shì shì jiè shang zuì dà de xī guā chǎn dì dàn xī guā
我国是世界上最大的西瓜产地，但西瓜
bìng fēi yuán yú zhōng guó xī guā de jiā xiāng zài fēi zhōu tā yuán shì
并非源于中国。西瓜的家乡在非洲，它原是
hú lu kē de yě shēng zhí wù hòu jīng rén gōng péi zhí cái chéng wéi xià
葫芦科的野生植物，后经人工培植才成为夏
jì de xiāo shǔ guǒ pǐn yīn wèi tā shì yóu xī yù chuán rù wǒ guó de
季的消暑果品。因为它是由西域传入我国的，
suǒ yǐ chēng zhī wéi xī guā
所以称之为“西瓜”。

xī guā xǐ huan shēng huó zài rì zhào chōng zú qì hòu gān zào de
西瓜喜欢生活在日照充足、气候干燥的
dì fang yāo qiú pái shuǐ liáng hǎo de shā zhì tǔ rǎng rú guǒ tài cháo
地方，要求排水良好的沙质土壤。如果太潮
shī le tā men de gēn jiù hěn róng yì làn xī guā de jīng wàn pú
湿了，它们的根就很容易烂。西瓜的茎蔓匍
fú shēng zhǎng cháng cháng de pá zài dì shang ér shuò dà de yuán qiú zhuàng guǒ
匐生长，长长地爬在地上，而硕大的圆球状果
shí pī zhe xiān liàng de hēi lǜ xiāng jiàn de wài yī jiù wō zài dì
实披着鲜亮的黑绿相间的“外衣”，就窝在地

li hěn shì tǎo rén xǐ huan
里，很是讨人喜欢。

xià jì kě shì xī guā dà xiǎn
夏季可是西瓜大显
shēn shǒu de hǎo shí jié tā bù jǐn
身手的好时节！它不仅
cuì tián duō zhī shì hé bǔ chōng rén tǐ
脆甜多汁，适合补充人体
shuǐ fèn de liú shī ér qiě xī guā zhī
水分的流失，而且西瓜汁
li hán yǒu ān jī suān táng lèi wéi shēng sù kuàng wù zhì děng duō zhǒng
里含有氨基酸、糖类、维生素、矿物质等多种
yǒu yì jiàn kāng de chéng fèn xī guā hái hán yǒu fēng fù de jiǎ yuán sù
有益健康的成分。西瓜还含有丰富的钾元素，
néng gòu jí shí bǔ chōng rén tǐ nèi liú shī de jiǎ xùn sù qū zǒu rén
能够及时补充人体内流失的钾，迅速驱走人
de pí láo gǎn hé juàn dài qíng xù
的疲劳感和倦怠情绪。

怪问题

无籽西瓜是怎样培育出来的？

人们用二倍体西瓜培育出四倍体西瓜，再用四倍体西瓜和二倍体西瓜培育出三倍体西瓜，而三倍体的植物是不会结籽的，这样，无籽西瓜就诞生了。

考考你

西瓜还有药用价值呢！西瓜的果皮、果肉、果汁、种子均可食用、入药，有清暑、解渴、利尿的功效。

甜美木瓜早结果

mù guā xué míng fān mù
木瓜学名番木
guā shǔ fān mù guā kē zhí
瓜，属番木瓜科植
wù yuán chǎn zì rè dài měi
物，原产自热带美
zhōu guǎng fàn zhòng zhí yú rè dài
洲，广泛种植于热带
dì qū
地区。

mù guā shì yìng xìng qiáng xǐ huan guāng zhào nài hán nài hàn tā
木瓜适应性强，喜欢光照，耐寒耐旱。它
men duì tǔ rǎng yāo qiú bù gāo zài féi wò pái shuǐ liáng hǎo de nián tǔ
们对土壤要求不高，在肥沃、排水良好的黏土、
rǎng tǔ zhōng dōu kě yǐ zhèng cháng shēng zhǎng mù guā kě shì yī zhǒng bǐ
壤土中都可以正常生长。木瓜可是一种比
jiào hǎo dǎ lǐ de guǒ shù cóng yí zāi dào jiē guǒ zhǐ xū gè yuè zuǒ
较好打理的果树，从移栽到结果只需6个月左
yòu tā men cháng nián bù
右。它们常年不
duàn kāi huā jiē guǒ dān zhū
断开花结果，单株
de nián chǎn liàng zài qiān
的年产量在35千
kè zuǒ yòu
克左右。

mù guā guǒ ròu chéng
木瓜果肉呈

黄色或橙红色，肉质厚实、香气浓郁、甜美可口，是热带、亚热带水果中维生素A含量很高的一种，还富含维生素C和可溶性钙，以及丰富的木瓜酶和钙、磷、钾等矿物质。除了营养好又容易吸收外，木瓜果实还具有保健、美容、预防便秘等功效呢！

怪问题

你知道木瓜中的“神秘物质”吗？

木瓜中有一种神秘物质——木瓜酵素，可以帮助人体分解肉类蛋白质。因为它的这个功效，有时烹调中会加入木瓜当“松肉粉”用，做出来的肉肉质会更鲜嫩呢！

考考你

在未成熟时，如果用刀在木瓜果实上划一下，就会流出白色乳汁，所以木瓜又被叫做乳瓜。

风味独特的芒果

máng guǒ shì zhù míng de rè dài
芒果是著名的热带
shuǐ guǒ zhī yī yīn qí guǒ ròu xì
水果之一，因其果肉细
nì fēng wèi dú tè suǒ yǐ sù yǒu rè dài guǒ
腻，风味独特，所以素有“热带果
wáng de měi chēng yě máng guǒ shù de guǒ shí bù néng shí
王”的美称。野芒果树的果实不能食
yòng ér duō nián qián yìn dù rén fā xiàn zhè zhǒng shù hòu
用，而4000多年前印度人发现这种树后，
jiāng qí zāi péi chéng kě yǐ chī de máng guǒ hái yòng máng guǒ
将其栽培成可以吃的芒果，还用芒果
shù lái zhē bì rè dài de jiāo yáng
树来遮蔽热带的骄阳。

yīn wèi pǐn zhǒng bù tóng zuì dà de máng guǒ zhòng dá jǐ qiān kè
因为品种不同，最大的芒果重达几千克，
zuì xiǎo de zhǐ yǒu lǐ zi nà me dà xíng zhuàng yě gè yǒu bù tóng
最小的只有李子那么大；形状也各有不同，
tuǒ yuán de xīn xíng de shèn xíng de xì cháng de dōu yǒu guǒ pí yǒu
椭圆的、心形的、肾形的、细长的都有；果皮有
qīng lǜ huáng hóng děng sè guǒ ròu yǒu huáng lǜ chéng děng sè
青、绿、黄、红等色，果肉有黄、绿、橙等色；
wèi dào yǒu suān tián dàn
味道有酸、甜、淡
tián suān tián děng lì shǔ
甜、酸甜等。历数
máng guǒ de sè xíng wèi
芒果的色、形、味，
suàn de shàng gè zhǒng gè yàng
算得上各种各样，

pǐn zhǒng fán duō
品种繁多！

máng guǒ sè xiāng wèi jù
芒果色、香、味俱
jiā yíng yǎng fēng fù chú le xīn
佳，营养丰富，除了新
xiān shí yòng wài hái kě yǐ jiā gōng
鲜食用外，还可以加工
chéng guǒ zhī guǒ jiàng mì jiàn děng
成果汁、果酱、蜜饯等。
cǐ wài máng guǒ yè de tí qǔ wù hái
此外，芒果叶的提取物还
yǒu yì zhì liú gǎn bìng dú de zuò yòng
有抑制流感病毒的作用，
xiǎng bu dào tā men hái yǒu zhè yàng tè bié
想不到它们还有这样特别
de gōng xiào ne
的功效呢！

怪问题

芒果有什么特别的吃法？

居住在西双版纳地区的傣族人喜欢把芒果制成芒果胶食用。把芒果煮熟后去核、过滤，半透明、琥珀色的芒果胶就做成了。芒果胶吃起来清甜可口，风味独特。

考考你

吃芒果能止呕，对付晕车、晕船症状很有效。不习惯坐车坐船的人饱受颠簸后，可以吃点芒果，就不会那么难受了。

樱桃好吃树难栽

yīng táo shǔ yú qiáng wēi kē luò yè qiáo mù
樱桃属于蔷薇科落叶乔木。
zài wǒ guó zuò wéi guǒ shù zāi péi de yīng táo yǒu
在我国，作为果树栽培的樱桃有
zhōng guó yīng táo tián yīng táo suān yīng táo hé máo
中国樱桃、甜樱桃、酸樱桃和毛
yīng táo chūn tiān chéng shú de yīng táo yán sè xiān hóng líng lóng tī
樱桃。春天，成熟的樱桃颜色鲜红，玲珑剔
tòu wèi měi xíng jiāo yíng yǎng fēng fù yī liáo bǎo jiàn jià zhí pō gāo
透，味美形娇，营养丰富，医疗保健价值颇高。
ér yīng táo shù zī tài xiù lì huā duǒ
而樱桃树姿态秀丽，花朵
jiāo měi shì yuán lín lǜ huà de liáng hǎo
娇美，是园林绿化的良好
shù zhǒng
树种。

sú huà shuō yīng
俗话说，“樱
táo hǎo chī shù nán zāi
桃好吃树难栽”，
zhè shì wèi shén me ne
这是为什么呢？
yuán lái yīng táo shù de
原来，樱桃树的
gēn zài tǔ rǎng li zhā de
根在土壤里扎得
hěn qiǎn suàn shì ruò
很浅，算是“弱
bù jīn fēng yīng táo
不禁风”。樱桃

duì shuǐ fèn zhuàng kuàng hěn mǐn gǎn yào
对水分状况很敏感，要
shì shuǐ tài shǎo le guǒ shí huì dà
是水太少了，果实会大
liàng diào luò shuǐ tài duō le guǒ shí
量掉落；水太多了，果实
yòu huì liè kāi rú guǒ wēn dù tài
又会裂开。如果温度太
gāo huò tài dī yīng táo shù yě huì
高或太低，樱桃树也会
shēng bìng zǒng ér yán zhī yīng táo shù shì hěn nán dǎ lǐ de
“生病”。总而言之，樱桃树是很难打理的。

yīng táo de hán tiě liàng wèi yú gè zhǒng shuǐ guǒ zhī shǒu jīng cháng chī
樱桃的含铁量位于各种水果之首。经常吃
yīng táo kě yǐ cù jìn xuè hóng dàn bái zài shēng jì fáng zhì quē tiě xìng pín
樱桃，可以促进血红蛋白再生，既防治缺铁性贫
xuè yòu zēng qiáng tǐ zhì jiàn nǎo yì zhì
血，又增强体质、健脑益智。

怪问题

樱桃为什么被称为“早春第一果”？

原来，在一年中樱桃总是抢在百果前成熟。冬去春来，此时新鲜水果极其缺乏，因而樱桃一上市就极受欢迎，它也就享有“早春第一果”的美称。

考考你

樱桃是喜欢阳光的果树，对光照条件的要求比梨树、苹果树高。所以，种植樱桃要选择地势开阔、光照充足的地方。

独备四时之气的枇杷

pí pá yòu jiào lú jú shì wǒ guó nán fāng tè yǒu de zhēn xī
枇杷又叫卢橘，是我国南方特有的珍稀
shuǐ guǒ yīn wèi xíng zhuàng xiàng pí pá ér dé míng pí pá qiū tiān yǎng
水果，因为形状像琵琶而得名。枇杷秋天养
lěi dōng jì kāi huā chūn lái jiē zǐ xià chū chéng shú shòu dào sì
蕾，冬季开花，春来结子，夏初成熟，受到四
gè jì jié yáng guāng yǔ lù de zī yǎng shì guǒ zhōng dú bèi sì shí
个季节阳光雨露的滋养，是“果中独备四时
zhī qì zhě yīn wèi guǒ ròu hòu nèn duō zhī suān tián shì dù wèi
之气者”。因为果肉厚嫩多汁，酸甜适度，味
dào xiān měi tā hái bèi yù wéi guǒ zhōng zhī huáng
道鲜美，它还被誉为“果中之皇”。

pí pá pǐn zhǒng fán duō yǒu duō zhǒng yī guǒ xíng fēn
枇杷品种繁多，有200多种。依果形分，
yǒu yuán guǒ zhǒng hé cháng guǒ zhǒng zhī
有圆果种和长果种之
bié àn guǒ shí yán sè fēn yòu fēn
别；按果实颜色分，又分
wéi hóng ròu zhǒng hé bái ròu zhǒng hóng
为红肉种和白肉种。红

肉种枇杷果皮金黄，被称为“金丸”；白肉种枇杷肉质玉色，被称为“蜡丸”。

枇杷的种子可以酿酒及提炼酒精；枇杷树木质坚韧，可以作为木梳、木棒等用材；叶和果实都可以入药，有清热、润肺、止咳化痰等功效，人们还蒸制枇杷叶取露，枇杷叶露有清热、解暑等作用。

怪问题

枇杷有什么保健价值？

《本草纲目》记载：“枇杷能润五脏，滋心肺。”现代医学更证明，枇杷果实中含有丰富的维生素、苦杏仁甙和白芦梨醇等防癌、抗癌物质。

考考你

枇杷按成熟期，可分早、中、晚三类。早熟品种5月即能面市，中熟品种于6月大批登场，晚熟品种可延至7月上旬上市。

会照顾自己的杨梅

杨梅原产于我国温带、亚热带湿润气候的山区，主要分布在长江以南、海南岛以北。杨梅营养价值高，是天然的绿色保健食品。果实富含纤维素、矿物质、维生素、果胶、氨基酸等，其中钙、磷、铁的含量要高出其他水果10多倍。杨梅生长在远离大城市的山区，极少或没有被大气污染，还享有“绿色无公害水果”的美誉。

杨梅树喜欢微酸性的山地土壤，耐旱耐瘠，省工省肥，是一种适合山地退耕还林、保

chí shēng tài de lǐ xiǎng shù zhǒng
持生态的理想树种。
zhè shì wèi shén me ne yuán lái
这是为什么呢？原来，
yáng méi shù de gēn xì huì hé fàng
杨梅树的根系会和放
xiàn jūn gòng shēng xíng chéng gēn liú
线菌共生形成根瘤，
néng xī shōu lì yòng tǔ rǎng li de
能吸收利用土壤里的
tiān rán dàn sù kàn lái yáng méi shù hěn huì zhào gù zì jǐ ne
天然氮素。看来，杨梅树很会照顾自己呢！

yáng méi yòng tú guǎng fàn shì chǎng qián lì jù dà ér qiě yáng
杨梅用途广泛，市场潜力巨大。而且杨
méi shù shù zī yōu měi yè sè nóng lǜ nián líng jiào zhǎng de yáng méi shù
梅树树姿优美，叶色浓绿，年龄较长的杨梅树
hái huì bèi yòng zuò guān shǎng xìng lǜ huà shù zhǒng
还会被用作观赏性绿化树种。

怪问题

杨梅的核仁中有什么宝贝？

杨梅的核仁中含有维生素B_{17}，这是一种抗癌物质，可是宝贝哦！除此之外，核仁还含粗蛋白和粗脂肪，因而被称为高蛋白、高植物油脂食品，可用来炒食或榨油。

考考你

杨梅有生津止渴、健脾开胃的功效，多食有助于解毒驱寒。杨梅还可以加工成杨梅干、杨梅果汁、杨梅蜜饯、杨梅果酒等，在国际市场上十分畅销呢！

柠檬：因为酸，所以有用

níng méng wéi yún xiāng kē cháng lǜ xiǎo qiáo mù yuán chǎn yú mǎ lái
柠檬为芸香科常绿小乔木，原产于马来

xī yà mù qián dì zhōng hǎi yán àn dōng nán yà hé měi zhōu děng dì
西亚，目前地中海沿岸、东南亚和美洲等地

dōu yǒu fēn bù wǒ guó de tái wān fú jiàn guǎng dōng guǎng xī
都有分布，我国的台湾、福建、广东、广西、

sì chuān děng dì yě yǒu zāi péi
四川等地也有栽培。

níng méng yòu chēng níng guǒ yáng níng méng děng yīn wèi wèi dào jí
柠檬又称柠果、洋柠檬等，因为味道极

suān yùn fù hěn xǐ huan chī suǒ yǐ hái yǒu yì mǔ guǒ huò yì
酸，孕妇很喜欢吃，所以还有“益母果”或“益

mǔ zǐ de jiào fǎ níng
母子”的叫法。柠

méng shù de nèn yè hé huā
檬树的嫩叶和花

dōu dài zǐ hóng sè guǒ shí
都带紫红色，果实

tuǒ yuán xíng huò luǎn yuán xíng
椭圆形或卵圆形，

dàn huáng sè biǎo pí yòu hòu
淡黄色表皮又厚

yòu cū cāo hái yǒu fāng xiāng níng
又粗糙，还有芳香。柠
méng guǒ zhī jí suān kě pèi zhì yǐn
檬果汁极酸，可配制饮
liào hái néng yòng lái tí liàn xiāng liào
料，还能用来提炼香料。
níng méng shì shì jiè shang zuì yǒu
柠檬是世界上最有
yào yòng jià zhí de shuǐ guǒ zhī yī
药用价值的水果之一，
fù hán wéi shēng sù níng méng suān píng guǒ suān gāo liàng nà yuán sù
富含维生素C、柠檬酸、苹果酸、高量钠元素
hé dī liàng jiǎ yuán sù děng duì rén tǐ shí fēn yǒu yì chī níng méng hái
和低量钾元素等，对人体十分有益。吃柠檬还
kě yǐ yù fáng gǎn mào fáng zhì xīn xuè guǎn jí bìng yě shì měi róng de
可以预防感冒，防治心血管疾病，也是美容的
tiān rán jiā pǐn
天然佳品。

怪问题

柠檬为什么被叫做“柠檬酸仓库”？

柠檬中含有丰富的柠檬酸，未成熟的柠檬中约含6%，因此被称为“柠檬酸仓库”。柠檬酸可由柠檬汁中分离制得，也可由糖汁发酵制得。

考考你

柠檬可是很好的抗菌解毒剂呢！吃海鲜烧烤类食物时，人们经常会挤点鲜柠檬汁，去掉肉类水产的腥味。这都是柠檬酸的功劳，把含氨的腥味给转化了。

吃榴莲，找对方法很要紧

榴莲是木棉科植物，树干高25~40米，算得上是热带最高大的果树了！卵圆球形的榴莲果实一般重约2千克，外面是带木质刺的硬壳，里面分为数房，每房有三四粒蛋黄大小的种子。种子外面裹着的一层软膏样的东西就是果肉。乳黄色的果肉黏而多汁，酥软味甜，吃起来有雪糕的口感。

这个大家伙长着硬壳，又一身硬“钉子”，一定很难对付！其实榴莲的外壳上有裂缝，用刀轻轻一撬就可以掰开，很容易就

néng bǎ guǒ ròu yī bàn yī bàn zhāi xià lái méi yǒu liè fèng yě hǎo bàn
能把果肉一瓣一瓣摘下来。没有裂缝也好办，
zhǐ yào bǎ tā zài dì shang qīng qīng yī kē jiù kē chū liè fèng lái le
只要把它在地上轻轻一磕，就磕出裂缝来了。

liú lián de yíng yǎng jià zhí hěn gāo ér qiě quán shēn dōu shì bǎo
榴莲的营养价值很高，而且全身都是宝。
guǒ hé kě zhǔ zhe huò kǎo zhe chī zhǔ liú lián de shuǐ néng zhì liáo pí
果核可煮着或烤着吃，煮榴莲的水能治疗皮
fū mǐn gǎn xìng de chuāng yǎng liú lián ké yǔ qí tā huà xué wù kě hé
肤敏感性的疮痒，榴莲壳与其他化学物可合
chéng féi zào hái néng yòng zuò zhì pí fū bìng de yào cái
成肥皂，还能用作治皮肤病的药材。

怪问题

挑选榴莲有什么小窍门？

一般从表皮就能分出榴莲的优劣。表皮的锥形刺粗大而疏的发育良好，果粒多，果肉厚而细腻；表皮的刺尖细而密的，果粒就少，果肉薄而肉质粗。

考考你

榴莲虽好，但一次不可多吃，因为它营养丰富，肠胃无法完全吸收，很容易上火。告诉你一个窍门，吃完榴莲再吃几只山竹，就能化解了。

草莓：不是果实是花托

cǎo méi yòu jiào yáng méi yuán
草莓又叫洋莓，原
chǎn yú nán měi zhōu ōu zhōu děng dì
产于南美洲、欧洲等地，
wǒ guó shì zài shì jì chū cái yǐn jìn de
我国是在20世纪初才引进的。
cǎo méi pǐn zhǒng fán duō yǒu duō gè
草莓品种繁多，有2000多个
pǐn zhǒng zhǔ yào zhǒng lèi yǒu dōng fāng cǎo méi
品种，主要种类有东方草莓、
sēn lín cǎo méi lǜ sè cǎo méi zhì lì cǎo
森林草莓、绿色草莓、智利草
méi hé wēi zhōu cǎo méi děng
莓和威州草莓等。

cǎo méi zhí zhū ǎi xiǎo yǒu duǎn cū de
草莓植株矮小，有短粗的
gēn zhuàng jīng zhú nián xiàng shàng fēn chū xīn jīng chū xià kāi huā jù
根状茎，逐年向上分出新茎。初夏开花，聚
sǎn huā xù zhǎng zài dǐng duān kāi chū de huā bái sè huò dàn hóng sè
伞花序长在顶端，开出的花白色或淡红色。
huā duǒ diāo xiè hòu huā tuō péng dà chéng jù hé guǒ qí zhōng hái yǒu diǎn
花朵凋谢后，花托膨大成聚合果，其中还有点
diǎn zhī ma zhuàng de xiǎo shòu guǒ
点芝麻状的小瘦果。

chéng shú de huā tuō xiān hóng měi
成熟的花托鲜红美
yàn róu ruǎn duō zhī gān suān yí
艳，柔软多汁，甘酸宜
rén fāng xiāng qīng tián yǒu shuǐ
人，芳香清甜，有“水

果皇后”的美誉。草莓不仅外形漂亮，而且营养丰富。草莓含有多种维生素，尤其是维生素C的含量非常丰富。草莓中所含的β-胡萝卜素是合成维生素A的重要物质，具有明目养肝的作用。草莓还含有果胶和丰富的膳食纤维，可以帮助消化。

怪问题

草莓上的一粒粒小黑点是什么？

我们平时吃的草莓，实际上是膨大的花托。而草莓真正的果实，就是分布在花托上的小黑点，它们的正确叫法是子房生长出的小瘦果。

考考你

草莓的营养成分容易被人体吸收，多吃也不会受凉或上火，是老少皆宜的健康食品。草莓还可以加工成果汁、果酱、果酒和罐头等。

寻常桃子还健身

táo shù kě shì yī zhǒng liǎo bu qǐ de guǒ shù tā duì tǔ rǎng
桃树可是一种了不起的果树，它对土壤、
qì hòu de shì yìng xìng dōu hěn qiáng zāi péi róng yì fēn bù guǎng fàn
气候的适应性都很强，栽培容易，分布广泛。
táo shù kāi huā shí mǎn shù huā duǒ càn ruò zhāo xiá jiē guǒ hòu guǒ
桃树开花时，满树花朵灿若朝霞；结果后，果
shí táo zi gān tián měi wèi ràng rén jì bǎo yǎn fú yòu bǎo kǒu fú táo
实桃子甘甜美味，让人既饱眼福又饱口福。桃
yuán chǎn yú wǒ guó pǐn zhǒng jí wéi fēng fù quán shì jiè yuē yǒu
原产于我国，品种极为丰富，全世界约有1000
gè yǐ shàng de pǐn zhǒng wǒ guó yǒu gè pǐn zhǒng
个以上的品种，我国有800个品种。

táo zi zhī duō wèi měi yíng yǎng fēng fù bù jǐn
桃子汁多味美，营养丰富，不仅
kǒu gǎn hǎo ér qiě tōng tǐ sàn fā chū yī gǔ lìng rén
口感好，而且通体散发出一股令人
xīn qíng yú yuè de xiāng wèi ér qiě táo zi hái jù
心情愉悦的香味。而且，桃子还具
yǒu yào yòng jià zhí táng dài yào wù xué jiā sūn sī miǎo
有药用价值，唐代药物学家孙思邈
chēng qí wéi fèi zhī guǒ táo zi guǒ ròu zhōng fù hán
称其为“肺之果”。桃子果肉中富含
dàn bái zhì zhī fáng táng lèi gài
蛋白质、脂肪、糖类、钙、

lín tiě hé wéi shēng sù wéi
磷、铁和维生素B_1、维

shēng sù wéi shēng sù jí dà liàng
生素B_2、维生素C及大量

de shuǐ fèn kě qǐ dào yǎng yīn shēng
的水分，可起到养阴生

jīn bǔ qì rùn fèi de bǎo jiàn zuò yòng
津、补气润肺的保健作用。

bù jǐn rú cǐ táo shù de qí
不仅如此，桃树的其

tā hěn duō bù fen yě jù yǒu yào yòng jià zhí qí gēn yè huā rén
他很多部分也具有药用价值，其根、叶、花、仁

dōu kě yǐ rù yào jù yǒu zhǐ ké huó xuè tōng biàn děng gōng néng
都可以入药，具有止咳、活血、通便等功能。

怪问题

桃与我国民间文化有什么样的联系？

我国民间向来把桃作为福寿的象征。孙悟空偷吃蟠桃，搅了天宫的蟠桃会，还大闹天宫的神话至今广为流传。

考考你

桃子表面有一层茸毛，容易引起过敏。别急！只要在清水中放入一点食盐，将桃子浸泡3分钟，再搅动一下，茸毛就会自动脱落了。

哈密瓜：气候造就别样甜

hā mì guā gǔ chēng tián guā gān guā yòu
哈密瓜古称甜瓜、甘瓜，又
yīn qí biǎo miàn piào liang de gé zi huā wén bèi jiào zuò
因其表面漂亮的格子花纹被叫做
wǎng wén guā wéi wú ěr yǔ chēng kù hóng tā de wài xíng chéng cháng
网纹瓜，维吾尔语称“库洪”。它的外形呈长
luǎn yuán xíng zhòng yuē qiān kè guǒ pí shang fēn bù yǒu cū wǎng wén
卵圆形，重约2~3千克，果皮上分布有粗网纹，
guā ròu sè rú jīng yù gān měi féi hòu fāng xiāng shuǎng kǒu
瓜肉色如晶玉，甘美肥厚，芳香爽口。

guān yú hā mì guā de míng chēng lái yuán hái yǒu yī duàn chuán shuō
关于哈密瓜的名称来源还有一段传说
ne qīng cháo kāng xī nián jiān hā mì jùn wáng pài shǐ zhě bǎ yì zhǒng
呢！清朝康熙年间，哈密郡王派使者把一种
tián guā jìn gòng dào gōng tíng nèi kāng xī huáng dì zài pǐn cháng zhè zhǒng
甜瓜进贡到宫廷内。康熙皇帝在品尝这种
tián guā shí jué de gān tián shuǎng kǒu biàn xún wèn cǐ guā jiào hé míng
甜瓜时，觉得甘甜爽口，便询问此瓜叫何名，

nèi shì zhǐ zhī dào shì hā mì jùn
内侍只知道是哈密郡
wáng suǒ xiàn jiù huí zòu shì hā mì
王所献，就回奏是哈密
guā cóng cǐ hā mì guā zhī míng
瓜。从此，哈密瓜之名
jiù chuán kāi le
就传开了。

hā mì guā bù jǐn wèi měi
哈密瓜不仅味美，
ér qiě yíng yǎng fēng fù hā mì guā zhōng hán yǒu táng lèi xiān wéi
而且营养丰富。哈密瓜中含有糖类、纤维
sù píng guǒ suān guǒ jiāo wéi shēng sù yǐ jí gài lín tiě děng
素、苹果酸、果胶、维生素以及钙、磷、铁等，
qí zhōng tiě de hán liàng yóu qí fēng fù yīn cǐ duì rén tǐ zào xuè jī
其中铁的含量尤其丰富，因此对人体造血机
néng yǒu xiǎn zhù de cù jìn zuò yòng
能有显著的促进作用。

怪问题

新疆的瓜果为什么特别甜？

新疆地区天气比较干燥，一年四季很少下雨，白天阳光强烈、气温很高，瓜果生长很快。而夜间气温低，瓜果消耗很少，积累下很多的糖分，所以那里产的瓜果就特别甜了。

考考你

哈密瓜除供鲜食外，还可制作瓜干、瓜脯、瓜汁。瓜蒂、瓜籽可入药治病，瓜皮喂羊能促肥增膘。哈密瓜实在是新疆的一宝！

果品罐头数菠萝

bō luó guǎng fàn fēn bù yú nán běi huí guī xiàn zhī jiān yuán chǎn
菠萝广泛分布于南北回归线之间，原产
yú bā xī shì jì chuán rù wǒ guó xiàn zhǔ yào chǎn zì tái wān
于巴西，17世纪传入我国，现主要产自台湾、
guǎng dōng guǎng xī fú jiàn děng dì
广东、广西、福建等地。

bō luó yòu jiào fèng lí shì yī èr nián shēng cháng lǜ
菠萝又叫凤梨，是一二年生常绿
cǎo běn zhí wù bō luó zhí zhū gāo mǐ hè sè
草本植物。菠萝植株高0.7~1.5米，褐色
de jīng cū cū duǎn duǎn jī bù yǒu xī yá chōu chū gēn zhuó
的茎粗粗短短，基部有吸芽抽出，根着
shēng zài jīng de zhōu wéi tā men de yè zi zì jīng de shàng
生在茎的周围。它们的叶子自茎的上
bù cóng shēng suì zhuàng huā xù zì yè cóng zhōng chōu shēng ròu
部丛生，穗状花序自叶丛中抽生。肉
zhì de guǒ shí dà duō dōu shì yuán tǒng xíng de zhǎng de
质的果实大多都是圆筒形的，长得
gēn sōng guǒ hěn xiàng
跟松果很像。

bō luó guǒ shí ròu sè jīn huáng xiāng wèi
菠萝果实肉色金黄，香味

浓郁，甜酸适口，清脆多汁，其中富含维生素C、钙、铁、磷等营养成分。

菠萝既可鲜食，也可加工成糖水菠萝罐头、菠萝果汁、菠萝酱等。加工制品菠萝罐头还被誉为“国际性果品罐头”呢！此外，菠萝加工中的副产品还可用来制糖、酒精、味精和柠檬酸等。

怪问题

菠萝为什么要蘸盐水吃？

菠萝的果肉里含有一种叫菠萝朊酶的物质，会对口腔表皮产生刺激。而食盐能抑制这种酶的活性。所以，吃菠萝前要在盐水里浸一下，这样味道更好。

考考你

瓜果成熟前，果胶质和有机酸使得果肉涩涩酸酸的。等瓜果成熟后，果胶质变成可溶性的果胶，而有机酸大多转化成了糖。这样，瓜果就变得好吃了。

山竹：果肉瓣瓣抱成团

shān zhú yòu jiào mǎng jí shì yuán
山竹，又叫莽吉柿，原
chǎn yú dōng nán yà dì qū shǔ téng huáng kē
产于东南亚地区，属藤黄科
cháng lǜ qiáo mù shù gāo kě dá mǐ
常绿乔木，树高可达15米，
guǒ shù shòu mìng cháng dá nián zhī jiǔ
果树寿命长达70年之久。

shān zhú zhòng zhí chéng běn bù gāo dàn duì huán
山竹种植成本不高，但对环
jìng yāo qiú fēi cháng yán gé ér qiě xū yào zhòng zhí duō nián cái yǒu
境要求非常严格，而且需要种植多年才有
shōu cheng yī bān zhòng zhí nián hòu cái kāi shǐ jiē guǒ chǎn liàng bù
收成。一般种植10年后才开始结果，产量不
gāo yīn cǐ shì míng fù qí shí de lǜ sè shuǐ guǒ fēi cháng míng guì
高，因此是名副其实的绿色水果，非常名贵。

shān zhú guǒ shí dà xiǎo rú shì zi yī bān
山竹果实大小如柿子一般，
guǒ xíng biǎn yuán yòu hòu yòu yìng de
果形扁圆，又厚又硬的
guǒ pí chéng shēn zǐ
果皮呈深紫
sè yóu piàn guǒ
色，由4片果
dì gài zhù dǐng bù
蒂盖住顶部，
gēn shì zi de wài xíng
跟柿子的外形
yě shí fēn xiāng sì
也十分相似。

tā de guǒ pí jiào hòu, néng bǎo hù guǒ ròu bù shòu sǔn hài, yòng kuài zi
它的果皮较厚，能保护果肉不受损害，用筷子
qiāo dǎ, hái yǒu "bāng bāng" de shēng xiǎng chuán chū.
敲打，还有“梆梆”的声响传出。

bāo kāi wài ké, qī bā bàn jié bái jīng yíng de guǒ ròu jiù zài
剥开外壳，七八瓣洁白晶莹的果肉就在
yǎn qián le, tā men kù sì bāo le pí de dà suàn bànr, xiāng hù bào
眼前了，它们酷似剥了皮的大蒜瓣儿，相互抱
chéng yī tuán. shān zhú guǒ ròu xuě bái nèn ruǎn, wèi dào qīng tián gān xiāng,
成一团。山竹果肉雪白嫩软，味道清甜甘香，
rùn huá kě kǒu, jiě zào zhǐ kě, jù yǒu jiàng huǒ de gōng xiào.
润滑可口，解燥止渴，具有降火的功效。

怪问题

怎样才能知道山竹里的果肉粒数？

山竹的果脐像一朵小花，这朵“小花”有几片“花瓣”，就有几粒果肉。一般的山竹有5~6粒果肉，最多的有8粒。果肉瓣粒越多，果核就越细小，品质也就越好。

考考你

剥山竹果壳时必须小心，注意不要将紫色的果壳汁液染在肉瓣上，因为这样会影响果肉的口味。要是沾到衣服上也很难洗掉。

椰子：跟着海水去找家

yē zi shì diǎn xíng de rè dài shuǐ guǒ yě shì rè
椰子是典型的热带水果，也是热
dài de dì fāng zhī bǎo yē zi wéi rè dài xǐ guāng zuò
带的地方之宝。椰子为热带喜光作
wù zài gāo wēn duō yǔ yáng guāng chōng zú hé hǎi fēng chuī fú de tiáo
物，在高温、多雨、阳光充足和海风吹拂的条
jiàn xià shēng zhǎng fā yù liáng hǎo tā men duì shēng zhǎng wēn dù de yāo
件下生长发育良好。它们对生长温度的要
qiú hěn gāo zhǐ yǒu nián píng jūn wēn dù zài yǐ shàng wēn chā xiǎo
求很高，只有年平均温度在24℃以上，温差小，
quán nián wú shuāng yē zi cái néng zhèng cháng kāi huā jiē guǒ
全年无霜，椰子才能正常开花结果。

yē zi de xíng zhuàng xiàng xī guā wài miàn kě shì guǒ le hǎo
椰子的形状像西瓜，外面可是裹了好
jǐ céng wài guǒ pí jiào báo chéng àn hè lǜ sè zhōng guǒ pí wéi hòu
几层：外果皮较薄，呈暗褐绿色，中果皮为厚
xiān wéi céng nèi céng guǒ pí chéng jiǎo zhì zài wǎng lǐ jiù shì yī gè
纤维层，内层果皮呈角质。再往里就是一个

chǔ cún yē jiāng de kōng qiāng chéng shú
储存椰浆的空腔。成熟
shí lǐ miàn de yē zhī qīng rú shuǐ
时，里面的椰汁清如水、
tián rú mì jīng yíng tòu liàng shì jí
甜如蜜，晶莹透亮，是极
hǎo de qīng liáng jiě kě zhī pǐn
好的清凉解渴之品。

yǒu qù de shì yē zi guǒ shí
有趣的是，椰子果实
yuè chéng shú suǒ hán dàn bái zhì hé zhī fáng yě yuè duō zhè kě shì qí
越成熟，所含蛋白质和脂肪也越多，这可是其
tā yī bān nán fāng shuǐ guǒ suǒ bù néng bǐ nǐ de yē zhī jí yē ròu
他一般南方水果所不能比拟的。椰汁及椰肉
fù hán guǒ táng pú táo táng wéi shēng sù jiǎ gài měi děng shì
富含果糖、葡萄糖、维生素E、钾、钙、镁等，是
yíng yǎng jià zhí hěn gāo de měi wèi jiā guǒ
营养价值很高的美味佳果。

怪问题

椰子怎样找到新家？

椰树大都长在海边，果实成熟后会掉到沙滩上。涨潮时，海水就将椰子带到海里，椰子随着海浪漂流，一旦遇到合适的海滩，它们就扎根落户了。

考考你

知道吗？食用椰子还有很多学问呢！椰汁离开椰壳味道就会变，上午倒出的椰汁较甜，下午倒出的则较淡。不信你试试！

其实有花的无花果

wú huā guǒ shì sāng kē róng
无花果是桑科榕
shǔ de luò yè qiáo mù huò guàn mù
属的落叶乔木或灌木，
yuán chǎn yú ā lā bó nán bù hòu
原产于阿拉伯南部，后
chuán rù xù lì yà tǔ ěr qí děng
传入叙利亚、土耳其等
dì dà yuē zài táng dài chuán rù
地。大约在唐代传入
wǒ guó zài dì zhōng hǎi yán àn
我国。在地中海沿岸
guó jiā de gǔ lǎo chuán shuō zhōng
国家的古老传说中，
wú huā guǒ bèi fèng wéi shèng guǒ zuò wéi jì sì yòng guǒ pǐn
无花果被奉为“圣果”，作为祭祀用果品。

wú huā guǒ zhēn de méi yǒu huā ma qí shí wú huā guǒ
“无花果”真的没有花吗？其实，无花果
shì yǒu huā de zhǐ shì tā men de huā bèi yán yán shí shí de bāo zài
是有花的，只是它们的花被严严实实地包在
huā tuō li gēn běn jiù kàn bú jiàn ér qiě wú huā guǒ yī nián hái
花托里，根本就看不见！而且，无花果一年还
yào kāi liǎng cì huā jiē liǎng cì guǒ dì yī cì kāi
要开两次花，结两次果。第一次开
huā zài chūn tiān jiē
花在春天，结
guǒ zài qiū tiān dì
果在秋天；第
èr cì kāi huā zài qiū
二次开花在秋

tiān guǒ shí chéng shú zài lái nián
天，果实成熟在来年
de chūn tiān
的春天。

wú huā guǒ shǔ jiāng guǒ shù
无花果属浆果树
zhǒng guǒ shí pí báo wú hé ròu
种，果实皮薄无核，肉
zhì sōng ruǎn fēng wèi gān tián guǒ
质松软，风味甘甜。果
shí zhōng hái hán yǒu fēng fù de dàn bái zhì fēn jiě méi zhī méi yǎng huà
实中还含有丰富的蛋白质分解酶、脂酶、氧化
méi děng méi lèi néng cù jìn dàn bái zhì de fēn jiě suǒ yǐ yòng wú
酶等酶类，能促进蛋白质的分解。所以，用无
huā guǒ zuò fàn hòu shuǐ guǒ néng bāng zhù xiāo huà ér qiě hái yǒu hěn hǎo
花果做饭后水果，能帮助消化，而且还有很好
de pái dú xiào guǒ ne
的排毒效果呢！

怪问题

无花果为什么有排毒作用？

无花果含有大量的果胶和维生素，果实吸水膨胀后，能吸附多种化学物质。所以食用无花果能使肠道有害物质被吸附后排出体外，有很好的排毒作用。

考考你

每到无花果开花的季节，总有一种小虫会顺着花托的小孔钻进去，爬上爬下忙碌着，小虫在干吗？猜到了吧，这是在帮无花果传粉呢！

火龙果：变了颜色就采收

火龙果，又名青龙果、红龙果，为仙人掌科植物，原产于巴西、墨西哥等中美洲热带沙漠地区，是典型的热带植物。火龙果的名称怎么来的呢？你也许已经猜到了吧，就是因为它们外表的肉质鳞片很像蛟龙的外麟而得名的。火龙果还会开出光洁而巨大的花朵，绽放时芳香四溢。花美果好，火龙果因而也被人们称为“吉祥果”。

火龙果对土壤的要求不高，平地、水田、山坡或旱地都可以栽培，但是最喜欢在肥沃、

排水良好的中性或微酸性砂红壤或壤土中生长，生命力很是旺盛。火龙果开花结果期为每年的5~11月，当果实由绿色逐渐变为紫红色时就可以采收品尝喽！

火龙果营养丰富、功能独特，除鲜食外，花和果能加工成营养保健食品，花和茎还能入药呢！

怪问题

火龙果为什么会有独特的功能？

火龙果中的白蛋白对重金属中毒有解毒的功效，对胃壁有保护作用。火龙果还含有一种特殊的成分——花青素，有很好的抗氧化、抗自由基、抗衰老的作用。

考考你

在美洲玛雅人、印加人的金字塔附近以及亚洲的越南人寺庙旁都种有火龙果。每逢祭祀及重大宗教活动，那里的人们会将火龙果供奉在祭坛上，视之为“圣果”。

长长的甘蔗一头甜

wǒ guó shì shì jiè shang gǔ lǎo de zhí zhè guó zhī yī zāi péi
我国是世界上古老的植蔗国之一，栽培
gān zhè de lì shǐ fēi cháng yōu jiǔ zǎo zài gōng yuán qián shì jì wǒ
甘蔗的历史非常悠久。早在公元前4世纪，我
guó jiù yǒu zhòng zhí gān zhè de lì shǐ jì zǎi
国就有种植甘蔗的历史记载。

gān zhè kě shì hěn hǎo de jīng jì zuò wù quán shēn shàng xià dōu
甘蔗可是很好的经济作物，全身上下都
yǒu yòng chu gān zhè kě yǐ zhà zhī qīng liáng de gān zhè zhī shì hěn
有用处。甘蔗可以榨汁，清凉的甘蔗汁是很
hǎo de yǐn liào gān zhè de jīng shì zhì zào zhè táng de zhǔ yào yuán liào
好的饮料。甘蔗的茎是制造蔗糖的主要原料。
zhì táng shèng xià de cán zhā kě yǐ zuò wéi zào zhǐ rén zào sī de yuán
制糖剩下的残渣可以作为造纸、人造丝的原
liào jiù shì zài chà yī xiē de suì xiè yě kě yǐ dàng zuò rán liào huò
料，就是再差一些的碎屑也可以当做燃料或
zhì chéng gān zhè bǎn gān zhè de qīng yè kě yǐ zuò jiā chù de sì liào
制成甘蔗板。甘蔗的青叶可以做家畜的饲料，

gān yè zé kě yǐ yòng lái zuò rán liào
干叶则可以用来做燃料
hé duī féi
和堆肥。

gān zhè huì kāi huā yě yǒu
甘蔗会开花，也有
zhǒng zi dàn nǐ zhī dào gān zhè shì
种子。但你知道甘蔗是
zěn me bō zhòng de ma rén men shì
怎么播种的吗？人们是
yòng gān zhè de jīng zāi zhí de bǎ gān zhè jīng měi liǎng jié jié chéng yī duàn
用甘蔗的茎栽植的，把甘蔗茎每两节截成一段
jiù néng fán zhí le yuán lái gān zhè jīng de jié shang yǒu yè yá néng
就能繁殖了。原来，甘蔗茎的节上有腋芽，能
zhǎng chū xīn zhī cóng jié de dì fang yě kě yǐ zhǎng chū bù dìng gēn
长出新枝，从节的地方也可以长出不定根。

怪问题

为什么甘蔗会一头甜？

甘蔗总是靠近根部一头甜，这是因为植物的叶子利用光合作用制造糖分，除自身消耗外，多余的糖分就运送到根部储藏起来，所以甘蔗越靠近根部，吃起来就越甜。

考考你

植物都有一个习惯，它们制造的养料，除了供给自身生长的需要以外，多余的部分大多是以糖类的形式储藏起来。藏在哪儿呢？就是根部！

全身是宝的水稻

在古代，水稻、黄米、高粱、小麦和大豆被称为“五谷”，而水稻是“五谷”之首。世界上近一半人口，包括几乎整个东亚和东南亚的人口，都以稻米作为主食。稻的栽培历史可追溯到公元前3000年的印度，而在我国的栽培历史已有6000～7000年。

收获的稻粒称为稻谷，有一层外壳，碾磨时常把外壳连同米糠层一起去除。碾磨时只去掉外壳的稻米叫糙米，富含淀粉，并含有蛋白质、脂肪、烟酸、核黄素、铁和钙等。碾去外

壳和米糠层的大米叫精米或白米，其营养价值就大大降低了。

碾米的副产品——米糠再加工后得到的油可作为食品，也可用于工业。碎米可用来酿酒、提取酒精和制造淀粉等。稻壳可做燃料、制造肥料。稻草用作饲料、包装材料等。你瞧，水稻全身都是宝呢！

怪问题

米粒为什么不能发芽？

稻谷里有一个胚，水稻秧苗就是由胚发育而成的。把稻壳去掉了，胚就失去了保护的"外衣"。要是把米粒种在土里，胚就容易受到侵害和损伤，甚至腐烂掉，所以它就不会发芽了。

考考你

水稻生活在浅水中，但它们不是水生植物哦！在稻田里注水，可以让水稻得到充足的水分，还可以使它们保持适宜的生长温度。

踩不坏的小麦

xiǎo mài shì shì jiè shang fēn bù zuì guǎng fàn de liáng shi zuò wù
小麦是世界上分布最广泛的粮食作物，
zài wǒ guó yǐ yǒu duō nián de zhòng zhí lì shǐ zhòng zhí qū yù yě
在我国已有5000多年的种植历史，种植区域也
fēi cháng guǎng quán guó cóng nán dào běi cóng píng yuán dào shān qū jī hū
非常广，全国从南到北、从平原到山区，几乎
suǒ yǒu nóng qū dōu néng jiàn dào xiǎo mài de zōng jì zài wǒ guó xiǎo
所有农区都能见到小麦的踪迹。在我国，小
mài shì jǐn cì yú shuǐ dào de dì èr dà liáng shi zuò wù shì wǒ guó
麦是仅次于水稻的第二大粮食作物，是我国
běi fāng rén mín de zhǔ shí tā suǒ hán de zú wéi shēng sù hé kuàng wù
北方人民的主食，它所含的B族维生素和矿物
zhì duì rén tǐ hěn yǒu yì chu
质对人体很有益处。

xiǎo mài àn mài lì lì zhì kě fēn wéi yìng xiǎo mài hé ruǎn xiǎo mài
小麦按麦粒粒质可分为硬小麦和软小麦；
àn mài lì yán sè kě fēn wéi bái xiǎo mài hóng xiǎo mài hé huā xiǎo mài
按麦粒颜色可分为白小麦、红小麦和花小麦；
àn zhào bō zhòng jì jié bù tóng fēn wéi chūn xiǎo mài hé dōng xiǎo mài dōng
按照播种季节不同分为春小麦和冬小麦。冬

xiǎo mài qiū jì bō zhòng cì nián xià
小麦秋季播种，次年夏
jì shōu huò chūn xiǎo mài chūn jì bō
季收获；春小麦春季播
zhòng dàng nián xià qiū shōu huò wǒ
种，当年夏、秋收获。我
guó xiǎo mài yǐ dōng xiǎo mài wéi zhǔ
国小麦以冬小麦为主。

dōng tiān shì xiǎo mài miáo zhǎng
冬天是小麦苗长
gēn de shí jié zhè shí nóng mín bó bo huì dào mài tián li qù cǎi yī
根的时节，这时农民伯伯会到麦田里去踩一
cǎi wèi shén me ne yuán lái bǎ mài miáo yè zi cǎi huài le ràng
踩，为什么呢？原来，把麦苗叶子踩坏了，让
tā de shēng zhǎng sù dù jiǎn huǎn gèng duō de yíng yǎng jiù néng gōng jǐ dào
它的生长速度减缓，更多的营养就能供给到
gēn bù mài miáo jiù huì zhǎng de gèng zhuàng le
根部，麦苗就会长得更壮了。

怪问题

小麦的麦芒有什么作用？

麦芒增加了麦穗蒸腾水分的空中面积，麦子会长得更快。同时，尖尖的麦芒还是小麦的"防身武器"呢！它们可以保护小麦果实不受害虫侵犯、不被鸟类啄伤。

考考你

小麦苗可喜欢下雪了！厚厚的雪里有不流动的空气，可以起到保温的作用。这样，有了厚厚的积雪做被子，寒冬里小麦苗就不会被冻坏了。

长“胡子”的玉米

yù mǐ shì yī zhǒng yī nián shēng cǎo běn zhí wù yòu jiào yù shǔ
玉米是一种一年生草本植物，又叫玉蜀
shǔ bāo mǐ děng yù mǐ suī rán shì cí xióng tóng zhū dàn xióng huā hé
黍、苞米等。玉米虽然是雌雄同株，但雄花和
cí huā bù zhǎng zài yī qǐ zhǐ yǒu xióng huā de huā fěn luò dào cí huā
雌花不长在一起，只有雄花的花粉落到雌花
de zhù tóu shang cái néng shòu jīng jiē chū guǒ shí ér yù mǐ bàng zi
的柱头上，才能受精结出果实。而玉米棒子
shang méi yǒu yù mǐ lì de kòng wèi jiù shì cí ruǐ wèi shòu fěn liú xià de
上没有玉米粒的空位，就是雌蕊未受粉留下的。

bèi gōng rèn wéi huáng jīn shí pǐn de yù mǐ yuán chǎn yú nán měi
被公认为“黄金食品”的玉米原产于南美
zhōu de bì lǔ duō nián qián jiù shì dāng dì yìn dì ān rén wéi yī
洲的秘鲁，7000多年前就是当地印第安人唯一
de liáng shi zuò wù gē lún bù fā xiàn xīn dà lù hòu bèi chēng wéi
的粮食作物。哥伦布发现新大陆后，被称为
yìn dì ān zhǒng zi de yù mǐ hěn kuài chuán bō dào le shì jiè gè
“印第安种子”的玉米很快传播到了世界各
dì dà yuē zài shì jì yù mǐ zuò wéi gòng pǐn lái dào le zhōng guó
地。大约在16世纪，玉米作为贡品来到了中国。

因为成熟快、产量高、耐寒能力强，玉米很快就成为了世界性的粮食作物。随着其营养价值日益为人们所了解，玉米被称为人类膳食结构的“平衡大使”。现在，我国最重要的玉米种植形式是春玉米和夏玉米，种植面积和总产量居世界第二位。

怪问题

玉米为什么会长“胡须”？

玉米的雄花长在茎的顶端，雌花则长在茎叶间，每一朵雌花都会把自己长长的雌蕊伸出苞叶外，其中花柱的部分就是玉米长出的“胡须”了。

考考你

一个玉米棒子上有着不同颜色的玉米粒，这就是花玉米。这是由于不同品种的玉米互相传播花粉，结出了不同的子粒。花玉米不仅好看，而且还很好吃呢！

高粱：最抗旱的庄稼

gāo liang qǐ yuán yú fēi zhōu hòu lái chuán dào āi jí yìn dù
高粱起源于非洲，后来传到埃及、印度，
chuán rù zhōng guó hòu yǐ yǒu duō nián de zāi péi lì shǐ shì yī zhǒng
传入中国后已有5000多年的栽培历史，是一种
gǔ lǎo de gǔ lèi zuò wù yīn wèi tā men de zǐ shí hěn xiàng liáng
古老的谷类作物。因为它们的子实很像“梁”
jí sù jiā shàng zhí zhū gāo dà suǒ yǐ jiù bèi jiào zuò gāo liang
（即粟），加上植株高大，所以就被叫做高粱。

gāo liang yǒu tiě gǎn zhuāng jia de měi chēng yīn wèi tā men
高粱有“铁杆庄稼”的美称。因为它们
yǒu hěn qiáng de shì yìng xìng wú lùn shì píng yuán féi dì hái shi gān hàn
有很强的适应性，无论是平原肥地，还是干旱
qiū líng pín jí shān qū gāo liang dōu néng zhuó zhuàng shēng zhǎng yào shi
丘陵、贫瘠山区，高粱都能茁壮生长。要是
zài tè bié gān hàn de jì jié gāo liang gān cuì jìn rù xiū mián zhuàng tài
在特别干旱的季节，高粱干脆进入休眠状态，
děng dào yǒu le shuǐ fèn zài chóng xīn shēng zhǎng
等到有了水分再重新生长。

高粱按用途可分为食用高粱、糖用高粱、饲用高粱和帚用高粱。据营养学家分析，高粱的营养价值很高：蛋白质含量为8.2%，糖类含量为7.8%，脂肪含量为2.2%，还有维生素B_1、B_2等。高粱可以直接食用，也可以制淀粉、制糖、酿酒。高粱根可以入药，茎秆可以榨汁熬糖，用处还真不少！

怪问题

高粱为什么能抗旱？

高粱的叶子细长，表面还有一层蜡质，这样就能减少水分的蒸发。而且高粱的根非常发达，能够吸收更多的水分。

考考你

我国主要的高粱种植区为西北、东北和华北，播种面积占了全国高粱种植总面积的三分之二，尤其是东北高粱，早已闻名世界，有“亚洲红米”之称。

不是花的棉花

人类与棉花打交道的时间可算久远了。早在战国时期，我国就有关于植棉和纺棉的记载。

棉花原产于热带，经过栽培成为一年生草本作物，通常是春季或初夏播种，当年现蕾、开花、结实，完成生育周期，到冬季严寒来临时，它们的生命就终止了。在棉花的一生中，温度对其生长发育、产量及产品质量的影响很大。除温度外，棉花对光照非常敏感，比较耐干旱，但怕水涝。

nǐ zhī dào ma jié bái de
你知道吗？洁白的
mián hua qí shí shì zhǎng zài mián zǐ
棉花其实是长在棉籽
shang de róng máo ér mián hua zhēn
上的绒毛。而棉花真
zhèng de huā zài chū xià kāi fàng zǎo
正的花在初夏开放，早
chen shì bái sè de xià wǔ biàn
晨是白色的，下午变
chéng fěn hóng sè dào bàng wǎn jiù chéng le zǐ sè de fēi cháng piào liang mián
成粉红色，到傍晚就成了紫色的，非常漂亮！棉
hua kāi huā yǐ hòu mián zhī shang jiù jiē chū yī gè gè mián táo dào
花开花以后，棉枝上就结出一个个棉桃。到
le jiǔ shí yuè fèn chéng shú de mián táo liè kāi jiù lù chū le wǒ men
了九十月份，成熟的棉桃裂开，就露出了我们
píng cháng kàn dào de xuě bái de mián róng huā
平常看到的雪白的“棉绒花”。

怪问题

棉花都是白色的吗？

棉花一般是白色的，经过加工染色后才有五颜六色的成品。近年来，在秘鲁发现了具有紫、灰等天然颜色的棉花品种。经过培育，现在已经有了红、黄、蓝等多种有色棉花。

考考你

棉花是重要的经济作物，棉绒除纺纱外，还可以制造炸药和塑料。棉籽可以榨油食用或工业用。另外，人民币和各国的纸币都是用优质棉花制造的呢！

偷偷带回国的番薯

fān shǔ yòu jiào gān shǔ hóng shǔ děng yīn wèi chǎn dì bù tóng jiù
番薯又叫甘薯、红薯等，因为产地不同就
yǒu le bù tóng de míng chēng fān shǔ de gù xiāng yuǎn zài zhōng měi zhōu
有了不同的名称。番薯的故乡远在中美洲，
shì jì mò lái dào wǒ guó zhè qí zhōng hái yǒu yī gè gù shi ne
16世纪末来到我国，这其中还有一个故事呢！

míng cháo wàn lì nián jiān fú jiàn cháng lè xiàn de shāng rén chén zhèn
明朝万历年间，福建长乐县的商人陈振
lóng jīng cháng dào fēi lǜ bīn lǚ sòng zuò shēng yi zài dāng dì tā fā
龙经常到菲律宾吕宋做生意。在当地，他发
xiàn fān shǔ chǎn liàng hěn gāo dàn dāng dì zhèng fǔ yán jìn wài chuán yú
现番薯产量很高，但当地政府严禁外传。于
shì chén zhèn lóng jiù bǎ fān shǔ zhuāng zài zhú tǒng li tōu tōu de dài huí
是，陈振龙就把番薯装在竹筒里，偷偷地带回
guó bìng zài fú zhōu jìn jiāo hé mào chí páng zhòng zhí hòu lái pèng shàng
国，并在福州近郊河帽池旁种植。后来碰上

fú zhōu dà hàn dāng dì bǎi xìng kào gāo chǎn
福州大旱，当地百姓靠高产
de fān shǔ dù guò le huāng nián fān shǔ
的番薯度过了荒年。番薯
jiù zhè yàng zǒu biàn dà jiāng nán běi
就这样走遍大江南北。

yě xǔ nǐ hái bù zhī dào wǒ men
也许你还不知道，我们
chī de shì fān shǔ de dì xià gēn bù fen
吃的是番薯的地下根部分，
ér bù shì guǒ shí fān shǔ de gēn xǐ huan wēn nuǎn kōng qì chàng tōng
而不是果实。番薯的根喜欢温暖、空气畅通
de tǔ rǎng suǒ yǐ nóng mín zhòng fān shǔ shí qǐ lǒng zāi zhí zhè yàng
的土壤，所以，农民种番薯时起垄栽植。这样，
guò duō de shuǐ fèn bù huì jī cún zài tǔ li kōng qì liú tōng jiù bù
过多的水分不会积存在土里，空气流通就不
huì shòu dào yǐng xiǎng fān shǔ jiù néng zhǎng dà zhǎng hǎo le
会受到影响，番薯就能长大长好了。

怪问题

煮熟的番薯为什么吃起来甜甜的？

煮熟的番薯又香又甜，这是因为它的主要成分——淀粉在煮熟后分解了，这使得煮熟的番薯吃起来甜甜的，而生番薯就没有这样的口感了。

考考你

番薯营养丰富，它们不仅可以作为主食，而且也可以当蔬菜、用来酿酒等。提醒大家，番薯要蒸透煮熟再吃，否则不容易消化哦！

烧出来的马铃薯

zuì chū rén men bìng bù zhī dào mǎ líng shǔ kě yǐ chī yī cì
最初人们并不知道马铃薯可以吃。一次，
yī gè nóng fū zài rán shāo zá cǎo shí wén dào le yī gǔ xiāng wèi tā
一个农夫在燃烧杂草时，闻到了一股香味，他
zǐ xì zhǎo le zhǎo fā xiàn le yī xiē kǎo shú le de yě shēng mǎ líng
仔细找了找，发现了一些烤熟了的野生马铃
shǔ nóng fū dà zhe dǎn zi cháng le cháng wèi dào hái bù cuò ne jiù
薯。农夫大着胆子尝了尝，味道还不错呢！就
zhè yàng mǎ líng shǔ zǒu jìn le rén men de shēng huó
这样，马铃薯走进了人们的生活。

mǎ líng shǔ shì qié kē duō nián shēng cǎo běn zhí wù wǒ men píng
马铃薯是茄科多年生草本植物，我们平
shí chī de jiù shì tā de dì xià kuài
时吃的就是它的地下块
jīng bù fen mǎ líng shǔ chéng yuán xíng
茎部分。马铃薯呈圆形、
luǎn xíng huò tuǒ yuán xíng yǒu yá yǎn
卵形或椭圆形，有芽眼，
pí yǒu hóng huáng bái huò zǐ sè ròu
皮有红、黄、白或紫色，肉
yǒu bái sè huò huáng sè diàn fěn hán liàng
有白色或黄色，淀粉含量
jiào gāo kǒu gǎn cuì zhì huò fěn zhì
较高，口感脆质或粉质。

马铃薯原产于南美洲高山地区，18世纪传入我国。现在，马铃薯与稻谷、小麦、玉米、高粱一起被称为全球五大农作物。马铃薯还是制淀粉、酒精的原料。

马铃薯中蛋白质、矿物质、维生素等含量丰富，营养价值高，而且容易被人体吸收利用，因此马铃薯食品现已成为一种时尚食品。

怪问题

为什么发芽的马铃薯不能吃？

马铃薯采收后，放的时间长了会长出嫩芽来，这时在芽眼周围的薯皮上会产生一种有毒的生物碱，吃了后会使人产生呕吐、腹泻等食物中毒现象。

考考你

马铃薯有很多名字，如：意大利人叫地豆，德国人叫地梨，美国人叫爱尔兰豆薯，俄国人叫荷兰薯；我国山西叫山药蛋，东北各省多称土豆。很有趣吧！

花生：喜欢黑暗的果实

zài zhí wù wáng guó li huā shēng shì gè hěn tè bié de chéng yuán
在植物王国里，花生是个很特别的成员，
tā men zài dì shang kāi huā dàn zài dì xià jiē guǒ ér qiě yī dìng yào
它们在地上开花，但在地下结果，而且一定要
zài hēi àn de tǔ rǎng huán jìng zhōng cái néng jiē chū guǒ shí
在黑暗的土壤环境中才能结出果实。

huā shēng de huā fēn liǎng zhǒng zhǎng zài dǐng duān de zhǐ kāi huā bù
花生的花分两种，长在顶端的只开花不
jiē guǒ zhǎng zài fēn zhī xià miàn de huā cái huì zuān dào tǔ li jiē guǒ
结果，长在分枝下面的花才会钻到土里结果。
zhè xiē huā shòu fěn hòu zǐ fáng jī bù zǐ fáng bǐng de fēn shēng zǔ zhī
这些花授粉后，子房基部子房柄的分生组织
xì bāo xùn sù fēn liè shǐ de zǐ fáng bǐng bù duàn shēn cháng cóng kū wěi
细胞迅速分裂，使得子房柄不断伸长，从枯萎
de huā è guǎn nèi zhǎng
的花萼管内长
chū yī tiáo guǒ zhēn zǐ
出一条果针，子
fáng wèi yú guǒ zhēn de
房位于果针的
shāo duān guǒ zhēn xùn
梢端。果针迅
sù shēn cháng xiàng dì
速伸长、向地
shēng zhǎng jǐ tiān hòu
生长，几天后，
zǐ fáng bǐng chuí xiàng dì
子房柄垂向地
miàn zhī hòu zǐ fáng
面。之后，子房

柄顶端变得又尖又硬，保护幼嫩的果针一头扎进土里。子房在土里生长发育后形成荚果。

花生为豆科作物，又名“落花生”或“长生果”。它们起源于南美洲，大约在16世纪传入我国，现在全国各地都有种植。花生果含有人体必需的氨基酸，有促进脑细胞发育、增强记忆的功能。

怪问题

花生喜欢哪种土壤？

花生喜欢松软、透气的沙质土壤。因为，在沙土地里子房更容易钻到地底下去，这样在土里结出的果实就多，收成自然会比其他田地好很多。

考考你

花生种子富含油脂。从花生仁中提取的油脂呈淡黄色，透明、芳香宜人，在植物油中品质最佳！

大豆的瘤子很有用

大豆是一年生草本植物，它也是一种重要的油料、食用和饲料作物。我国栽培大豆并用作食物及药物的历史悠久，素有“大豆故乡”之称。

大豆是豆科植物中最富有营养而又易于消化的食物，是蛋白质最丰富、最廉价的来源。大豆的种子含17%的油和63%的粗粉，其中50%是蛋白质。在东亚，大豆广泛用于制作豆浆、豆腐，经过烘烤做成小吃。此外，大豆还是酿造酱油的原料。

dāng wǒ men bǎ dà dòu lián gēn bá
当我们把大豆连根拔
qǐ shí kě yǐ kàn dào gēn shang zhǎng zhe
起时，可以看到根上长着
yī gè gè de xiǎo liú zi tā men jiù shì
一个个的小瘤子，它们就是
dà dòu de hǎo huǒ bàn gēn liú jūn dà
大豆的好伙伴根瘤菌。大
dòu shēng zhǎng xū yào dàn féi zhè shí gēn
豆生长需要氮肥，这时，根
liú jūn jiù lái bāng máng la tā men jì jū zài dà dòu gēn bù néng
瘤菌就来帮忙啦！它们寄居在大豆根部，能
zhì zào zú gòu de dàn féi gōng jǐ dà dòu shēng zhǎng suǒ xū suǒ yǐ
制造足够的氮肥供给大豆生长所需。所以
dà dòu zhǎng de hǎo zhè xiē xiǎo liú zi de gōng láo kě bù xiǎo
大豆长得好，这些小瘤子的功劳可不小！

怪问题

为什么大豆和玉米是好朋友？

大豆的幼苗很怕晒，个子高高的玉米苗就伸展枝叶为它们遮挡阳光；而作为回报，大豆就把自己根部根瘤菌制造的养分输送给玉米享用，这样，两个好朋友就都能长好了。

考考你

大豆植株直立，有分枝，高度从几厘米到2米以上。花是白色或微带紫色的。荚果内含1~4粒种子，种子依种皮颜色分为黄豆、青豆、黑豆等。

能耐寒的大白菜

dà bái cài shì yī zhǒng zhòng yào de shū cài kǒu gǎn hǎo yíng
大白菜是一种重要的蔬菜，口感好，营
yǎng fēng fù hán yǒu dàn bái zhì zhī fáng duō zhǒng wéi shēng sù hé gài
养丰富，含有蛋白质、脂肪、多种维生素和钙、
lín děng kuàng wù zhì yǐ jí dà liàng cū xiān wéi dùn chǎo liū bàn
磷等矿物质，以及大量粗纤维，炖、炒、熘、拌
yǐ jí zuò xiàn pèi cài chī fǎ kě duō le tè bié shì bái cài yǔ
以及做馅、配菜，吃法可多了。特别是白菜与
ròu lèi yī qǐ shí yòng wèi dào shí fēn xiān měi mín jiān yǒu bǎi cài
肉类一起食用，味道十分鲜美，民间有“百菜
bù rú bái cài de shuō fǎ
不如白菜”的说法。

dà bái cài yǒu kuān dà de lǜ sè cài yè hé bái sè cài bāng
大白菜有宽大的绿色菜叶和白色菜帮，
yī céng céng de cài yè jǐn jǐn bāo guǒ zài yī
一层层的菜叶紧紧包裹在一
qǐ xíng chéng yuán zhù tǐ duō shù hái huì bào
起形成圆柱体，多数还会抱
chéng tuán yīn wèi jiàn bù dào yáng guāng
成团。因为见不到阳光，
bèi bāo zài lǐ miàn de cài yè lǜ sè jiào
被包在里面的菜叶绿色较
dàn yǐ zhì chéng dàn huáng sè
淡，以至呈淡黄色。

yīn wèi bái cài nài chǔ cún suǒ yǐ zhōng guó běi fāng de lǎo bǎi
因为白菜耐储存，所以中国北方的老百
xìng duì tā yǒu zhe tè shū de gǎn qíng guò qù dào le dōng jì dà
姓对它有着特殊的感情。过去，到了冬季，大
bái cài kě jiù biàn chéng xiāng bō bo le yī hù rén jiā wǎng wǎng yào
白菜可就变成“香饽饽”了，一户人家往往要
chǔ cún shù bǎi jīn bái cài yìng fù guò dōng ne zài zuǒ yòu shí
储存数百斤白菜应付过冬呢！在–5℃左右时，
dà bái cài wán quán kě yǐ zài shì wài duī chǔ ān quán guò dōng tā de
大白菜完全可以在室外堆储安全过冬，它的
nài hán néng lì hái zhēn bù cuò ne
耐寒能力还真不错呢！

怪问题

大白菜抵御寒冷有什么窍门？

大白菜抵御寒冷可是有高招的，它的菜叶紧紧地挨在一起——结球抱成团。这一招还挺管用的，抱成团的大白菜可以在0℃左右的环境中保存三个月呢！

考考你

有一种特别栽培的白菜，既能食用又能观赏。若将它放在花盆内种植，生长期长达十个多月。而且随气温和生长期的不同，叶心颜色还能有多种变化呢！

好看又好吃的菠菜

bō cài yòu chēng bō sī cǎo
菠菜又称波斯草，
yuán chǎn yú yī lǎng hòu chuán dào běi
原产于伊朗，后传到北
fēi yóu mó ěr rén chuán dào xī ōu
非，由摩尔人传到西欧
de xī bān yá děng guó táng cháo
的西班牙等国。唐朝
shí ní bó ěr guó wáng bǎ bō cài
时，尼泊尔国王把菠菜
zuò wéi lǐ wù zhuān mén pài rén sòng dào cháng ān cóng cǐ bō cài jiù
作为礼物专门派人送到长安。从此，菠菜就
zài wǒ guó ān jiā luò hù le
在我国安家落户了。

zài wǒ guó gǔ dài bō cài hái yǒu gè hǎo tīng de míng zi jiào
在我国古代，菠菜还有个好听的名字，叫
hóng zuǐ lǜ yīng gē hóng sè de
“红嘴绿鹦哥”。红色的
gēn pèi shàng lǜ sè de yè
根配上绿色的叶，
zhè ge jiào fǎ hái zhēn
这个叫法还真
tiē qiè ne bō cài shēn
贴切呢！菠菜深
lǜ sè de yè zi chéng lián
绿色的叶子呈莲
zuò zhuàng cù shēng zhǔ gēn
座状簇生，主根
fā dá hóng sè de ròu zhì
发达，红色的肉质

根不仅好看，而且带有甜味，味道也不错。

菠菜在蔬菜中有着不可替代的位置，因为它含有丰富的蛋白质、维生素以及铁、钙等矿物质，常吃菠菜可以预防维生素缺乏症、贫血症，还对胃和胰腺的分泌有促进作用。难怪古阿拉伯人早就把菠菜称为“菜中之王”了。

怪问题

食用菠菜时要注意什么？

食用菠菜时，不要把菠菜和豆腐放在一起烧，也尽量避免用铁锅来烧菠菜。这是因为菠菜中的草酸遇到铁、钙，会生成人体难以吸收的草酸铁、草酸钙。

考考你

我国民间将菠菜捣烂取汁，用来洗脸，可清洁皮肤，减少皱纹及色斑，没想到菠菜还有这功效吧！

芹菜：从观赏植物到食疗蔬菜

qín cài de jiā xiāng zài dì zhōng hǎi yán
芹菜的家乡在地中海沿
àn de zhǎo zé dì li nà shí dāng dì de
岸的沼泽地里，那时，当地的
rén men bǎ qín cài dàng zuò yī zhǒng guān shǎng zhí
人们把芹菜当做一种观赏植
wù měi féng jié rì rén men yòng qín cài lái zhuāng diǎn
物。每逢节日，人们用芹菜来装点
jū shì yù yǒu bǐ sài rén men hái yòng tā biān chéng huā
居室；遇有比赛，人们还用它编成花
huán jiǎng lì huò shèng zhě ér rú jīn qín cài yǐ shì
环奖励获胜者。而如今，芹菜已是
yī zhǒng jiā yù hù xiǎo de shū cài
一种家喻户晓的蔬菜。

wǒ men píng cháng chī de qín cài zhǔ yào yǒu liǎng zhǒng yī zhǒng shì
我们平常吃的芹菜主要有两种，一种是
pǔ tōng de qín cài yè bǐng zhōng kōng xì cháng wèi dào nóng yù yī bān
普通的芹菜，叶柄中空细长，味道浓郁，一般
yòng lái chǎo cài hé dàng zuò liao shǐ yòng lìng yī zhǒng shì xī qín yè bǐng
用来炒菜和当作料使用；另一种是西芹，叶柄
féi dà duō ròu wèi dào jiào dàn
肥大多肉，味道较淡，
cháng cháng yòng lái zuò shā lā
常常用来做沙拉。

yīn wèi hán yǒu fēng fù de
因为含有丰富的
xiān wéi sù rè liàng yòu dī suǒ
纤维素，热量又低，所
yǐ qín cài shì yī zhǒng lǐ xiǎng de
以芹菜是一种理想的

食物。芹菜中含有丰富的钙、磷、铁等微量元素，而且含量超过一般叶菜。它还含有大量的维生素P和C，可以帮助消化，促进新陈代谢，帮助人们保持均衡的营养，是减肥、美容的最佳食物，同时又被称为食疗蔬菜呢！

怪问题

芹菜为什么又叫“药芹”？

芹菜具有一定药理和治疗价值。现代药理学研究表明，芹菜具有降血压、降血脂的作用，它的根、茎、叶和籽都可以当药用，所以就有了“药芹”的叫法。

考考你

人们吃芹菜时，常把叶子扔掉，其实非常可惜！因为，芹菜叶子营养丰富，多吃菜叶对预防高血压、动脉硬化等都有好处。

长在夏季里的冬瓜

冬瓜的形状很像枕头，又叫枕瓜，是夏季一种重要的蔬菜。为什么夏季产的瓜却取名为冬瓜呢？这是因为冬瓜成熟的时候，表面覆盖着一层白粉状的东西，就好像是初冬所结的白霜。也是这个原因，冬瓜也叫白瓜。

在蔬菜家族中，冬瓜是个“大块头”，它们体积大、水分多、热量低，用来炒食、做汤，吃法非常多。中医学认为，冬瓜味甘而性寒，有利尿消肿、清热解毒、清胃降火及消炎的功

效，对于动脉硬化、冠心病、高血压、水肿腹胀等疾病有良好的疗效。

冬瓜里绝大部分是水分，含量高达96.5%。经常食用冬瓜，能去掉人体内过剩的脂肪。因为冬瓜中含有丙醇二酸，能有效抑制糖类转化为脂肪，加上其本身不含脂肪，所以对防止发胖、增进形体健美有很好的作用。

怪问题

为什么有些植物种子会睡觉？

多数植物的种子在适当的条件下会发芽。种子发芽需要氧气和水分。要是没有水分，种子不能发芽，它们就只好呼呼大睡，等待时机了。

考考你

切开的冬瓜很容易变质，别急，有办法的！拿一张与切面大小相同的干净白纸平贴在上面，再用手抹平贴紧，这样保存三到五天，冬瓜还是很新鲜的呢！

萝卜功效赛人参

萝卜又名莱菔。我国是萝卜的故乡，栽培、食用萝卜的历史悠久，早在《诗经》中就有关于萝卜的记载。萝卜可以用来制作菜肴，炒、煮、凉拌，味道俱佳，又可以当做水果生吃，口感甘爽，还能用来腌渍。除了肉质脆嫩多汁、可以食用外，萝卜还可以在宴席上造型成精致的雕花，刺激食欲。

萝卜中含有能诱导人体产生干扰素的多种微量元素，可增强机体免疫力，对防癌、抗癌有重要意义。萝卜中的B族维生素和钾、

měi děng kuàng wù zhì kě yǐ cù jìn
镁等矿物质可以促进
wèi cháng rú dòng yǒu zhù yú tǐ
胃肠蠕动，有助于体
nèi fèi wù de pái chū yīn
内废物的排出。因
cǐ mín jiān hái yǒu dōng chī luó
此，民间还有“冬吃萝
bo xià chī jiāng yī nián sì jì bǎo ān kāng de shuō fǎ luó bo shèn
卜夏吃姜，一年四季保安康”的说法，萝卜甚
zhì yǒu tǔ rén shēn de měi yù
至有“土人参”的美誉。

zhí dé yī tí de shì luó bo zuì hǎo dài pí chī yīn wèi luó
值得一提的是，萝卜最好带皮吃，因为萝
bo zhōng suǒ hán de gài yǒu cáng zài luó bo pí nèi
卜中所含的钙有98%藏在萝卜皮内。

怪问题

春天的萝卜为什么会空心？

我们吃的萝卜其实是植株位于地下的块根，储藏了由叶子进行光合作用产生的养分。春天，萝卜开花需要很多的营养物质，萝卜块根中的养分被大量消耗掉，这样萝卜就成了空心的。

考考你

天津青萝卜是沙窝萝卜、葛沽萝卜和灰堆萝卜的统称。它们呈细长的圆筒形，皮翠绿色，尾端玉白色。整个萝卜上部甘甜，至下部辣味渐增。它们可是地方优良品种呢！

不是“萝卜”的胡萝卜

胡萝卜又称红萝卜或甘荀。它们供食用的部分是肥嫩的肉质根，形状有圆锥形和圆柱形。胡萝卜的品种很多，按色泽可分为红、黄、白等数种，我国栽培最多的是红、黄两种。

胡萝卜是一种质脆味美、营养丰富的家常蔬菜，素有“小人参”之称。它们有特殊的甜味，并含有丰富的胡萝卜素、维生素A、B族维生素以及钙、铁等营养成分。

你知道吗？胡萝卜喜欢寒冷的气候，要

shì wēn dù chāo guò le
是温度超过了
tā men jiù huì tí
25℃，它们就会提
chū kàng yì le zhǐ shì
出抗议了，只是
pīn mìng de zhǎng yè zi
拼命地长叶子，
ér wú fǎ shēng chéng péng
而无法生成膨
dà duō ròu de gēn yīn cǐ zài yà rè dài dì qū rén men dōu zài
大多肉的根。因此在亚热带地区，人们都在
qiū tiān bō zhǒng dào dōng tiān cǎi shōu zhè xià míng bai le ba hú luó
秋天播种，到冬天采收。这下明白了吧，胡萝
bo kě shì dōng lìng shū cài ne
卜可是冬令蔬菜呢！

怪问题

萝卜和胡萝卜是“亲戚”吗？

白萝卜和胡萝卜虽然都被称为“萝卜”，长得也有点像，却是不同的两种植物。白萝卜开的花是四瓣的，属十字花科植物；而胡萝卜是伞形花序，属于伞形科植物。

考考你

胡萝卜为什么是红色的呢？原来，胡萝卜中含有红色胡萝卜素，这是一种常见的天然色素。胡萝卜素越多，胡萝卜的颜色就越红。

“狐狸的果实”成美味

xiāng chuán xī hóng shì zuì zǎo shēng zhǎng zài nán měi zhōu de cóng lín
相传西红柿最早生长在南美洲的丛林
li yīn wèi zhī yè yǒu gǔ nán wén de qì wèi guǒ shí sè cǎi yàn lì
里，因为枝叶有股难闻的气味，果实色彩艳丽，
rén men duì tā shí fēn jǐng tì shì zhī wéi hú li de guǒ shí bù
人们对它十分警惕，视之为“狐狸的果实”，不
gǎn pǐn cháng ér rú jīn xī hóng shì kě shì cān zhuō shang de měi wèi
敢品尝。而如今，西红柿可是餐桌上的美味，
tā men hán yǒu fēng fù de hú luó bo sù wéi shēng sù hé zú wéi
它们含有丰富的胡萝卜素、维生素C和B族维
shēng sù yóu qí shì wéi shēng sù de hán liàng jū shū cài zhī guàn
生素，尤其是维生素P的含量居蔬菜之冠。

xī hóng shì de pǐn zhǒng jí duō àn guǒ shí de xíng zhuàng kě fēn
西红柿的品种极多，按果实的形状可分
wéi yuán xíng de biǎn yuán xíng de cháng yuán xíng de jiān yuán xíng de àn
为圆形的、扁圆形的、长圆形的、尖圆形的；按
guǒ pí de yán sè fēn yǒu dà hóng de fěn hóng de chéng hóng de hé
果皮的颜色分，有大红的、粉红的、橙红的和

黄色的。

西红柿不仅可口，还含有对心血管具有保护作用的维生素和矿物质，能减少心脏病的发作。另外，其中的番茄红素具有独特的抗氧化能力，能清除自由基，保护细胞；尼克酸能维持胃液的正常分泌，促进红血球的形成，有利于保持血管壁的弹性和保护皮肤。

怪问题

西红柿为什么越变越红？

西红柿没成熟时是绿色的，因为表皮细胞中含有很多叶绿素。在一天天长大的过程中，叶绿素被分解，而一种番茄红素生成。随着这种番茄红素越来越多，西红柿就越变越红了。

考考你

西红柿是明代时传入中国的，它们在很长的时间里被作为观赏性植物来培植。直到清朝末年，人们才开始食用西红柿。

青青黄瓜吃法多

rén lèi zāi péi huáng guā yǐ
人类栽培黄瓜已
yǒu duō nián de lì shǐ le
有4000多年的历史了。
huáng guā yuán chǎn yú yìn dù hàn
黄瓜原产于印度，汉
cháo zhāng qiān chū shǐ xī yù shí
朝张骞出使西域时，
dài huí le huáng guā de zhǒng zi
带回了黄瓜的种子，
wǒ guó jiù kāi shǐ zhòng zhí huáng guā le
我国就开始种植黄瓜了。
huáng guā yě jiào qīng guā cì guā hú lu kē yī nián shēng cǎo
黄瓜，也叫青瓜、刺瓜，葫芦科一年生草

怪问题

黄瓜为什么能美容减肥？

新鲜黄瓜中含有的丙醇二酸能够抑制糖类转化成脂肪，常吃黄瓜可以达到减肥的效果。而黄瓜中含有生物活性酶，能促进机体的新陈代谢，所以黄瓜又有美容作用呢！

考考你

张骞出使西域时带回黄瓜，当时称之为胡瓜。东晋时，羯族人石勒做了后赵王，他不满汉人把北方少数民族称为“胡人”，为避讳“胡”字，便将胡瓜改名为黄瓜。

běn zhí wù　tā tōng tǐ lǜ sè　shòu shòu
本植物。它通体绿色，瘦瘦
cháng cháng　quán shēn bù mǎn zòng xiàng de léng
长长，全身布满纵向的棱，
hái pī zhe yī shēn mì mì de duǎn gāng máo
还披着一身密密的短刚毛。

huáng guā shì hǎo chī yòu yǒu yíng yǎng
黄瓜是好吃又有营养
de shū cài　shēng shí　qīng chǎo　yān zì
的蔬菜，生食、清炒、腌渍、
jiàng lǔ　chī fǎ kě duō la　kǒu gǎn shang
酱卤，吃法可多啦！口感上，
huáng guā ròu zhì cuì nèn　zhī duō kě kǒu
黄瓜肉质脆嫩、汁多可口；
yíng yǎng shang　tā hán yǒu dàn bái zhì　zhī
营养上，它含有蛋白质、脂
fáng　táng lèi　duō zhǒng wéi shēng sù　xiān wéi
肪、糖类、多种维生素、纤维
sù yǐ jí gài　lín　tiě děng fēng fù de yíng
素以及钙、磷、铁等丰富的营
yǎng chéng fèn　yóu qí shì huáng guā zhōng hán
养成分。尤其是黄瓜中含
yǒu de xì xiān wéi sù　néng cù jìn cháng dào
有的细纤维素，能促进肠道
rú dòng　jiā sù fèi wù pái xiè　gǎi shàn rén
蠕动，加速废物排泄，改善人
tǐ xīn chén dài xiè
体新陈代谢。

藕：圆孔帮我来呼吸

ǒu yòu chēng lián ǒu shǔ shuì lián kē zhí wù ǒu
藕，又称莲藕，属睡莲科植物。藕
yuán chǎn yú yìn dù hòu lái yǐn rù wǒ guó rú jīn ǒu
原产于印度，后来引入我国。如今，藕
zài wǒ guó nán fāng shěng fèn dōu yǒu zāi péi tā de pǐn zhǒng yǒu
在我国南方省份都有栽培，它的品种有
liǎng zhǒng jí qī kǒng ǒu yǔ jiǔ kǒng ǒu jiāng zhè yī dài yǐ
两种，即七孔藕与九孔藕。江浙一带以
zāi péi qī kǒng ǒu wéi zhǔ
栽培七孔藕为主。

qí shí ǒu shì lián de dì xià jīng tā men héng shēng yú
其实，藕是莲的地下茎。它们横生于
ní tǔ zhōng wài pí huáng hè sè féi hòu de ròu zhì huī bái
泥土中，外皮黄褐色，肥厚的肉质灰白
sè kǒu gǎn xiān cuì gān tián shì zhòng yào de shuǐ shēng shū cài
色，口感鲜脆甘甜，是重要的水生蔬菜
zhī yī ǒu fēn wéi ǒu tóu ǒu shēn hé hòu bǎ sān bù fen
之一。藕分为藕头、藕身和后把三部分，
qí zhōng hái fēn bù zhe yī xiē guǎn zhuàng xiǎo kǒng
其中还分布着一些管状小孔。

ǒu lǐ miàn wèi shén me huì yǒu
藕里面为什么会有
yī xiē yuán kǒng ne zhí wù hé rén
一些圆孔呢？植物和人
yī yàng xū yào hū xī yǒu le zhè
一样需要呼吸，有了这
xiē yuán kǒng jí shǐ shēng huó zài quē
些圆孔，即使生活在缺
shǎo kōng qì de yū ní li ǒu yě
少空气的淤泥里，藕也
néng zì yóu hū xī yīn wèi zhè xiē yuán kǒng lián zhe kōng xīn de hé
能自由呼吸。因为，这些圆孔连着空心的荷
yè yè bǐng yī zhí tōng dào tǐng lì zài shuǐ miàn de hé yè shang zhè
叶叶柄，一直通到挺立在水面的荷叶上。这
yàng hé yè hū xī dào de xīn xiān kōng qì jiù néng shū sòng dào ǒu de
样，荷叶呼吸到的新鲜空气就能输送到藕的
shēn tǐ li le
“身体”里了。

怪问题

为什么藕断了丝还连着？

藕里的导管内壁上有许多环形和螺旋形的花纹，保护着导管。当藕被折断时，这些导管就像弹簧一样，会被拉长，但不断开，这就是藕丝。

考考你

藕节及地上的荷叶、莲子心、莲蓬都可以入药。中医学上用藕节入药，可化淤止血，主治吐血、便血等症。

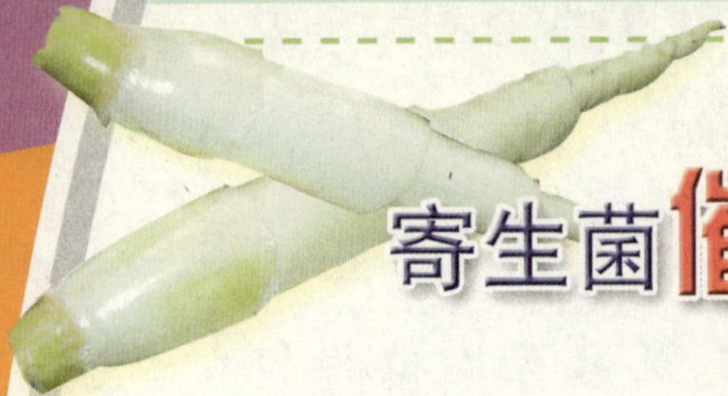

寄生菌催生的茭白

jiāo bái shì duō nián shēng tǐng shuǐ xíng shuǐ shēng cǎo běn zhí wù xǐ
茭白是多年生挺水型水生草本植物，喜
huan shī rùn de huán jìng shì hé zài nián tǔ zhōng shēng zhǎng tā men yī
欢湿润的环境，适合在黏土中生长。它们一
bān shēng zhǎng zài shuǐ táng de ní zhǎo li jiāo bái jù yǒu gēn zhuàng jīng
般生长在水塘的泥沼里。茭白具有根状茎，
dì shang jīng kě yǐ chǎn shēng fēn zhī zhǔ gàn zhí lì cū zhuàng yè piàn
地上茎可以产生分枝，主干直立粗壮，叶片
biǎn píng chéng cháng pī zhēn xíng yào
扁平，呈长披针形。要
shi bù rèn shi de yuǎn yuǎn kàn qù
是不认识的，远远看去
hái zhēn xiàng shì chéng piàn de
还真像是成片的
zá cǎo ne
“杂草”呢！

zài jiāo bái
在茭白
zhǔ jīng de shēng zhǎng
主茎的生长
guò chéng zhōng jī
过程中，基
bù rú guǒ yǒu hēi
部如果有黑
fěn jūn jì shēng jiù
粉菌寄生，就
huì jiàn jiàn de zhǎng chéng fǎng chuí xíng de ròu zhì jīng zhè xiē péng dà
会渐渐地长成纺锤形的肉质茎。这些膨大
de nèn jīng jiù shì wǒ men píng cháng chī de jiāo bái le yīn wèi hēi
的嫩茎就是我们平常吃的茭白了。因为黑

粉菌从中作怪，茭白的茎才会长不高，只能变得肥大。

茭白表皮光滑，肉质细嫩，食用方法多种多样，可以炒着吃，可以煮着吃，还可以做沙拉呢！茭白的营养也非常丰富，常吃茭白能促进人体新陈代谢，保持身体健康。

怪问题

为什么有的茭白会有黑斑点？

茭白里有黑粉菌的菌丝，随着茭白渐渐成熟，黑粉菌也产生了很多黑色的孢子，这时，白嫩的茭白里就有了明显的黑色斑点。

考考你

茭白中含有较多的草酸，因此其钙质不易被人体吸收，所以患有心脏病、尿路结石者，不宜多食。

莴苣的叶子也美味

wō jù de míng chēng hěn duō yòu bèi jiào zuò qiān jīn cài shí
莴苣的名称很多，又被叫做千金菜、石
jù wǒ men píng cháng chī de shì jīng yòng wō jù yòu chēng wō sǔn
苣。我们平常吃的是茎用莴苣，又称莴笋、
xiāng sǔn zhè zhǒng wō jù suí zhe zhí zhū de shēng zhǎng qí duǎn suō jīng
香笋。这种莴苣随着植株的生长，其短缩茎
bù duàn shēn cháng hé péng dà huā yá fēn huà yǐ hòu jīng yè jì xù kuò
不断伸长和膨大，花芽分化以后，茎叶继续扩
zhǎn jiù xíng chéng le cū zhuàng de ròu zhì jīng
展，就形成了粗壮的肉质茎。

chī le wō jù de ròu zhì jīng tā de yè zi zěn me bàn ne
吃了莴苣的肉质茎，它的叶子怎么办呢？
rēng diào ma nà jiù tài kě xī le qí shí yè zi yě shì fēi cháng
扔掉吗？那就太可惜了！其实，叶子也是非常
shuǎng kǒu de shēng cài hái kě yǐ zuò yī dào liáng bàn wō jù yè ne
爽口的生菜，还可以做一道凉拌莴苣叶呢！

wō jù zhōng wú jī yán wéi shēng sù hán liàng fēng fù yóu qí shì
莴苣中无机盐、维生素含量丰富，尤其是
hán yǒu jiào duō de yān suān yān suān kě shì yí dǎo sù de jī huó jì
含有较多的烟酸。烟酸可是胰岛素的激活剂，

糖尿病人经常吃些莴苣，还可以改善糖的代谢功能呢！而且，莴苣中含有微量元素锌、铁，经常食用新鲜莴苣，可以防治缺铁性贫血。莴苣中的钾离子含量丰富，有利于调节人体内盐的平衡。所以，莴苣是一种营养食品，还是一种颇具药效的食品呢！

怪问题

为什么莴苣和卷心菜是好朋友？

莴苣会散发出一种强烈的苦味，这种苦味能把企图到卷心菜上产卵的菜粉蝶赶得远远的。这样，有莴苣帮卷心菜"站岗"，卷心菜就不会长虫子了。

考考你

莴苣中的莴苣生化物对视神经有刺激作用，会发生头昏嗜睡的中毒反应，导致夜盲症或诱发其他眼疾。所以，提醒大家吃莴苣可不能过量哦！

平常的茄子连皮吃

茄子是一年生草本植物，原产于印度，公元4～5世纪传入中国。在古代，茄子又被叫做酪酥、昆仑瓜，是夏季的重要蔬菜。茄子的叶子呈椭圆形，花朵是紫色的，果实大多也是紫色的。知道吗？茄子的果实长在不同部位，它们的叫法也有区别呢！茄子主茎上的果实称“门茄”，一级侧枝的果实称“对茄”，二级侧枝的果实称“四母斗”，三级侧枝的果实称“八面风”，以后侧枝的果实称“满天星”。

茄子可以炒、烧、蒸、煮，也可以油炸、凉

拌、做汤，用多种方法都能烹调出美味可口的菜肴。还要告诉大家，吃茄子可不要去皮，因为它们的价值就在皮里面呢！茄子皮里含有维生素B。维生素B和维生素C是一对好搭档，我们摄入的维生素C在代谢过程中可是需要维生素B支持的。

怪问题

切开的茄子为什么会变黑？

茄子里含有一种叫单宁的成分，单宁很容易与空气中的氧结合。茄子切开后，要是不马上烹调，暴露在空气里的单宁就被氧化成黑色物质了。

考考你

苹果、柿子和梨等果实里都含有单宁，因此它们的果肉很容易就变成黑褐色的了。不过不要紧，只要在盐水里浸一浸，就可以阻止单宁被氧化了。

大蒜：我有味，但我很有用

大蒜自古就被当做天然杀菌剂，有“天然抗生素”之称，是人体循环及神经系统的天然强健剂。数千年来，在中国、埃及、印度等国，大蒜既作为食物，也作为传统药物应用。

大蒜的原产地在西亚和中亚，汉代张骞出使西域时，把大蒜带回来安家落户，至今已有2000多年的历史。大蒜是人们日常生活中不可缺少的调料，有去腥增味的作用，特别是在凉拌菜中，既增味又杀菌。

我们平时所说的“大蒜”，通常是

指蒜头而言的。它们呈扁球形或短圆锥形，外面有灰白色或淡棕色膜质外皮包裹，里面有6~10个蒜瓣抱成一团。每个蒜瓣外都包有薄膜，剥去薄膜，肥厚多汁的白色蒜瓣就呈现在眼前了。

怪问题

大蒜为什么有特殊的味道？

大蒜中所含的蒜氨酸无色无味，但大蒜细胞中还存在一种蒜酶，在食用切割过程中，二者接触形成有强烈辛辣气味的大蒜辣素。这就是大蒜特殊气味的来源。

考考你

吃完大蒜后，喝一杯牛奶，就可以有效去除蒜味了。不过，喝牛奶时，要记得小口慢咽，让牛奶在口腔里多停留一会儿。如果是温牛奶，效果更好。

走出沙漠的洋葱

洋葱又名球葱、圆葱、玉葱、葱头，属百合科葱属，是二年生或多年生草本植物。

留意一下洋葱的形态，你会发觉它们长得很有趣。知道其中的奥妙吗？一层一层的鳞茎包叠成洋葱扁扁圆圆的身材，这可是与它们原先的生活环境有关。洋葱原来生活在沙漠里，那里干燥缺水，为了生存，它们就把鳞叶一层一层叠在身上形成鳞茎，这样，水和养分就可以乖乖地保存在身

体里了。即使外皮干了，洋葱的鳞茎中却还藏着水和养分，因此它们还能发芽呢！

根据皮色，洋葱可以分为白皮、黄皮和红皮三种。其中白皮种洋葱鳞茎小，外表白色或略带绿色，肉质柔嫩，汁水多、辣味淡，口感、品质好，很适合生食。

怪问题

洋葱头是根吗？

洋葱头是从地下挖出来的，那它是洋葱的根吗？不对！洋葱头底下胡须一样的东西才是根，而洋葱头是洋葱膨大的鳞茎，它是由呈鳞片状的变态叶叠在一起形成的。

考考你

切洋葱之前，把洋葱放在冷水里浸一会儿，把刀也浸湿，再切就不会使人流眼泪了。把洋葱先放在冰箱里冷冻一会儿，然后再拿出来切，效果也不错。

辣椒辣是因为辣椒素

là jiāo yuán chǎn yú nán měi zhōu rè dài dì
辣椒原产于南美洲热带地
qū shì jì mò gē lún bù fā xiàn měi
区。15世纪末，哥伦布发现美
zhōu zhī hòu bǎ là jiāo dài huí ōu zhōu bìng
洲之后，把辣椒带回欧洲，并
chuán bō kāi qù míng cháo shí chuán rù wǒ guó
传播开去，明朝时传入我国。
là jiāo shì qié kē yī nián shēng cǎo běn zhí wù
辣椒是茄科一年生草本植物，
xià jì shí kāi bái sè xiǎo huā guǒ shí wèi chéng
夏季时开白色小花，果实未成
shú shí chéng lǜ sè chéng shú hòu yī bān biàn chéng
熟时呈绿色，成熟后一般变成
xiān hóng sè huò chéng huáng sè yǐ hóng sè zuì
鲜红色或橙黄色，以红色最
wéi cháng jiàn là jiāo zhōng wéi shēng sù de hán
为常见。辣椒中维生素C的含
liàng zài shū cài zhōng jū dì yī wèi
量在蔬菜中居第一位。

wèi shén me là jiāo shì là de ne yuán
为什么辣椒是辣的呢？原
lái là jiāo de guǒ shí hé zhǒng zi li dōu hán
来，辣椒的果实和种子里都含
yǒu là jiāo sù zhè shì yī zhǒng qiáng liè de cì
有辣椒素，这是一种强烈的刺
jī jì néng cì jī pí fū hé shé tou shang gǎn
激剂，能刺激皮肤和舌头上感
jué tòng hé rè de qū yù shǐ dà nǎo chǎn shēng
觉痛和热的区域，使大脑产生

zhuó rè téng tòng de xīn là gǎn jué
灼热疼痛的辛辣感觉。
dāng là jiāo de là wèi cì
当辣椒的辣味刺
jī shé tou zuǐ ba de shén jīng mò
激舌头、嘴巴的神经末
shāo dà nǎo huì lì jí mìng lìng quán
梢，大脑会立即命令全
shēn jiè bèi xīn tiào jiā sù
身“戒备”：心跳加速、
tuò yè huò hàn yè fēn mì zēng jiā cháng wèi jiā bèi gōng zuò tóng
唾液或汗液分泌增加、肠胃加倍“工作”，同
shí bù duàn shì fàng chū nèi fēi tài shǐ rén xīng fèn chǎn shēng chī là
时不断释放出内啡肽，使人兴奋，产生吃辣
hòu de kuài gǎn suǒ yǐ chī là huì shàng yǐn hái huì ràng nǐ
后的“快感”。所以，吃辣会上瘾，还会让你
wèi kǒu dà kāi ne
胃口大开呢！

怪问题

缓解辣味的最佳食物是什么？

当你吃辣椒的时候，你会觉得很热、很辣，这时，最好的缓解辣味的食物是牛奶，尤其是脱脂牛奶，其中真正发挥作用的是牛奶中的酪蛋白。

考考你

印度东北部山区有一种“魔鬼辣椒”，它的辣度超过100万史高维尔（史高维尔是辣度单位），被吉尼斯确认为世界上最辣的辣椒。

蘑菇：混进植物中的冒名者

蘑菇是混进植物中的冒名者，为什么呢？这是因为蘑菇没有根、茎、叶，也不能制造叶绿素，它们根本不具备植物应有的特征。

其实，蘑菇是一种真菌。它的地上部分样子就像插在地里的一把伞，地下还有白色丝状的菌丝体，蘑菇就是通过菌丝分解现成的养分来生长繁殖的。在一定温度与湿度的环境中，菌丝体取得足够的养料就开始形成子实体。初期子实体就像个鸡蛋露出地面，之后迅速发育出菌盖、菌柄、菌托和菌环等。

刚长出来的蘑菇吸饱水后，会在短时间内一下子长大。所以，雨后的树林里会有许多蘑菇突然争先恐后地冒出来。它们大的直径有40厘米左右，高约50厘米；小的直径不过0.5厘米，高只有1厘米。

怪问题

清洗蘑菇有什么小窍门？

蘑菇表面的黏液会粘泥沙，不容易洗净，怎么办？办法很简单，在水里加入适量食盐使其溶解，把蘑菇放到盐水里浸泡一会儿后再洗，泥沙就很容易洗掉了。

考考你

澳大利亚的一种蘑菇可是吃蚊子的能手！这种蘑菇能分泌吸引蚊子的黏液，一旦蚊子落到蘑菇上，马上就会被黏液消化掉，成为蘑菇的“食物”。

娇贵的人参是个宝

人参主要生长在我国吉林省长白山一带的深山老林里，是“东北三宝”之首。野山参在我国应用有上千年的历史了，一般都是用纺锤形的根部入药，是一味难得的贵重药材，被称为“中药之王”。

人参之所以娇贵，主要是对生长环境要求比较高。它怕热、怕旱、怕晒，要求土壤疏松肥沃、空气湿润凉爽，所以多生长在长白山海拔500～1000米的针叶阔叶混交林里。每年七八月正是人参开花结果的时节，淡黄绿

sè de xiǎo huā jiē chū xiān hóng sè
色的小花，结出鲜红色

de jiāng guǒ shí fēn rě rén xǐ ài
的浆果，十分惹人喜爱。

nà me rén shēn zhōng dào dǐ
那么，人参中到底

yǒu shén me bù yī bān de chéng fèn
有什么不一般的成分

ne zhè zhǒng fā huī shén qí gōng
呢？这种发挥神奇功

xiào de chéng fèn jiù shì rén shēn zào gān ér qiě jiù lián rén shēn de
效的成分就是人参皂苷。而且，就连人参的

huā hé yè zhōng dōu hán yǒu zhè zhǒng chéng fèn suǒ yǐ rén shēn de gēn
花和叶中都含有这种成分，所以人参的根、

jīng huā hé yè dōu yǒu míng xiǎn de kàng yǎng huà kàng pí láo de liáo
茎、花和叶都有明显的抗氧化、抗疲劳的疗

xiào yī jù huà rén shēn hún shēn shì bǎo
效。一句话，人参浑身是宝！

怪问题

人参有什么滋补功效？

除了人参皂甘，人参中还有人参醇、人参酸、糖类、氨基酸等成分，因此人参能增强人体防御体系，促进新陈代谢，具有强化心脑血管活力、抗衰老等功效。

考考你

人参分为自然生长的野山参和人工栽培的园参两种。野山参非常珍贵，生长缓慢，不易采得。而园参一般也要栽培6年以上，但药效就不如野山参了。

黄连——最苦的植物

huáng lián yī bān shēng zhǎng zài gāo shān shù lín zhōng bèi yīn cháo shī
黄连一般生长在高山树林中背阴潮湿
de dì fang tā men yǒu hěn duō fēn zhī chéng cù shēng zhuàng wān wān qū
的地方，它们有很多分枝，呈簇生状，弯弯曲
qū de xíng zhuàng jiù xiàng jī zhǎo yī yàng biǎo miàn huī huáng sè huò huáng hè
曲的形状就像鸡爪一样，表面灰黄色或黄褐
sè jiù yīn wèi gēn jīng huáng sè duō jié chéng chuàn xiāng lián suǒ yǐ
色。就因为根茎黄色多节、成串相连，所以
tā men jiù bèi jiào zuò huáng lián le
它们就被叫做“黄连”了。

huáng lián shì zuì kǔ de zhí wù nà me huáng lián wèi shén me
黄连是最苦的植物。那么，黄连为什么
tè bié kǔ ne jiāng huáng lián de gēn fàng rù yī gè zhuāng qīng shuǐ de
特别苦呢？将黄连的根放入一个装清水的
bēi zi zhōng bù jiǔ jiù néng kàn dào cóng huáng lián gēn li kuò sàn chū yī
杯子中，不久就能看到从黄连根里扩散出一
zhǒng huáng sè de dōng xi lái zhè zhǒng huáng sè de dōng xi jiù jiào zuò
种黄色的东西来，这种黄色的东西就叫做
huáng lián sù huáng lián huì zhè me kǔ jiù shì yóu yú huáng lián sù
“黄连素”。黄连会这么苦，就是由于黄连素

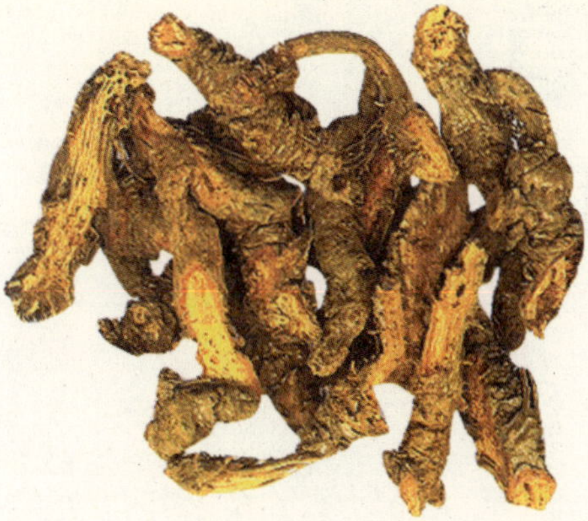

的作用。与此同时，黄连能够治病，也是由于它含有黄连素的缘故。

人们常说“良药苦口”，黄连就是一剂以苦闻名的良药。黄连入药的是根茎部位，中医用来治疗因湿热引起的腹泻、痢疾、呕吐等病症。现代医学研制出针剂和片剂，做抗菌消炎药。

怪问题

黄连到底有多苦？

古语说：“连苦，连心苦。”如果把1份黄连素加25万份的水溶解，依然能尝出苦味。黄连的根茎里含有7%的黄连素，黄连之苦可是名副其实的。

考考你

产于四川的黄连叫川连，其中又以四川东部出产的为通用正品，叫上川连、真川连。因其根茎有很多分枝，形状像鹰爪、鸡爪，又称鹰爪连、鸡爪连。

冬虫夏草：
长在虫体里的真菌

dōng chóng xià cǎo hǎo qí guài de míng zi tā jiū jìng shì chóng hái
冬虫夏草，好奇怪的名字，它究竟是虫还
shi cǎo ne xiān lái kàn kàn dōng chóng xià cǎo de shēng zhǎng guò chéng ba
是草呢？先来看看冬虫夏草的生长过程吧！

měi dāng shèng xià zài hǎi bá mǐ de xuě shān cǎo
每当盛夏，在海拔3000~4000米的雪山草
diàn shang bīng xuě xiāo róng qiān qiān wàn wàn gè biān fú é de chóng luǎn biàn
甸上，冰雪消融，千千万万个蝙蝠蛾的虫卵变
chéng xiǎo chóng zhè shí chóng cǎo de zǐ náng bāo zǐ sàn luò dào biān fú
成小虫，这时，虫草的子囊孢子散落到蝙蝠
é yòu chóng shēn shang biàn zài nà lǐ ān jiā luò hù le tā men xī
蛾幼虫身上，便在那里安家落户了。它们吸
qǔ chóng tǐ nèi de yíng yǎng màn màn méng fā chū jūn sī
取虫体内的营养，慢慢萌发出菌丝。

shòu zhēn jūn gǎn rǎn de yòu chóng rú dòng dào tǔ li sǐ qù zhè
受真菌感染的幼虫蠕动到土里死去，这
jiù shì dōng chóng ér yòu chóng tǐ nèi de zhēn jūn jì xù shēng zhǎng
就是“冬虫”。而幼虫体内的真菌继续生长，

直至充满整个虫体。来年春末夏初，虫子的头部长出一个紫红色棒状的子房，顶端有菠萝状的囊壳，这就是“夏草”。

这下明白了吧？冬虫夏草就是一种寄生在蛾类幼虫体上的真菌。它是一种传统的名贵中药材，与天然人参、鹿茸并列为三大滋补品，一年四季都可以食用。

怪问题

冬虫夏草是怎么分类的？

冬虫夏草分为草原虫草和高山虫草，生长环境和土质的差异使得它们有所区别：草原虫草为土黄色，虫体肥大，肉质松软；高山虫草为黑褐色，虫体饱满结实。

考考你

每年的农历四至五月间，冬虫夏草出苗不超过1寸，正是采收的好季节。如果过了这个时节，苗就会枯死，人们就再也找不到冬虫夏草了。

灵芝：不是“仙草”是菌类

灵芝俗称灵芝草，根据《神农本草经》记载：灵芝有紫、赤、青、黄、白、黑六种，我们现在见到的一般是紫芝或赤芝。其实灵芝并不是草，而是一种真菌，而且是中医药宝库中一味珍贵的药材，可以治疗心悸、失眠、乏力等病症，还有止咳、养心安神等功效。

从“白娘子盗仙草”的民间传说中，人们知道了灵芝，但灵芝可没人们想象中那么神奇。它们常常寄生在山区槲栎、栓

pí lì děng kuò yè shù de
皮栎等阔叶树的
mù zhuāng shang huò fǔ mù de
木桩上或腐木的
gēn bù kào jì zhǔ de yǎng
根部，靠寄主的养
liào shēng cún
料生存。

líng zhī de mú yàng yě
灵芝的模样也
hěn yǒu qù yī gēn wān wān qū qū de cháng bǐng shàng miàn dǐng zhe yī
很有趣，一根弯弯曲曲的长柄，上面顶着一
gè dà ěr duo yī yàng de jūn gài zhè ge jūn gài kě bù shì ruǎn ruǎn
个大耳朵一样的菌盖。这个菌盖可不是软软
de ér shì yòu hòu yòu yìng biǎo miàn hái yǒu hóng zhōng dài hēi de guāng liàng
的，而是又厚又硬，表面还有红中带黑的光亮，
yǐn yuē kě yǐ kàn dào xiàng yún cai yī yàng de huā wén
隐约可以看到像云彩一样的花纹。

怪问题

怎样知道灵芝的“年龄”？

灵芝幼小的时候是乳白色的，长成后变成棕红色。灵芝菌盖表面有环状棱纹，根据这些棱纹的圈数，就可以推算出灵芝的生长年限了。

考考你

灵芝包含了对人体有益的数千种成分，归纳起来主要是甾醇类、生物碱、氨基酸、油脂及还原性物质等。现在的灵芝针剂，治疗哮喘、高血压等效果很好。

图书在版编目(CIP)数据

植物会说话/徐丽红编写. —杭州:浙江少年儿童出版社，2009.1
(我最好奇的108个科学奥秘大发现)
ISBN 978-7-5342-5034-7

Ⅰ.植… Ⅱ.徐… Ⅲ.植物-儿童读物 Ⅳ.Q94-49

中国版本图书馆CIP数据核字(2008)第183977号

责任编辑 金晓蕾
美术编辑 张 鹰
封面设计 韩吟秋
图文制作 大米原创·工作空间
责任印制 阙 云

我最好奇的108个科学奥秘大发现
植物会说话
编写 徐丽红

浙江少年儿童出版社出版发行
(杭州市天目山路40号)
杭州钱江彩色印务有限公司印刷 全国各地新华书店经销
开本 710×1000 1/16 印张 14 字数 80000 印数 1—15180
2009年1月第1版 2009年1月第1次印刷

ISBN 978-7-5342-5034-7 定价：20.00元
(如有印装质量问题，影响阅读，请与购买书店联系调换)